suhrkamp taschenbuch 4560

Für die Herstellung eines Burgers verbrauchen wir 3000 Liter Wasser. Wir produzieren in zwölf Monaten mehr Ruß als im gesamten Mittelalter und fliegen allein in diesem Jahr sechs Billionen Kilometer. Unsere Enkel werden sich die Erde mit zehn Milliarden Menschen teilen müssen. Haben wir überhaupt eine Zukunft?

Stephen Emmott schafft mit *Zehn Milliarden* etwas Einzigartiges: Zum ersten Mal zeichnet ein Experte ein zusammenhängendes, aktuelles und für jeden verständliches Bild unserer Lage. Kein theoretischer Überbau, kein moralischer Zeigefinger, nur die Fakten. Und die unmissverständliche Botschaft: »Wir sind nicht zu retten.«

Stephen Emmott verantwortet als wissenschaftlicher Leiter eines Microsoft-Labors die weltweit führenden Forschungsprojekte auf dem Gebiet der Computational Science (rechnergestützte Naturwissenschaften). Zugleich lehrt er das Fach in Oxford. 2012 gelang ihm mit seinem gleichnamigen Bühnenstück ein Sensationserfolg am Royal Court Theatre in London.

STEPHEN EMMOTT

ZEHN MILLIARDEN

Aus dem Englischen
von Anke Caroline Burger

Suhrkamp

Die englische Originalausgabe erschien 2013 unter dem Titel
Ten Billion bei Penguin, London.

Bibliografische Information der Deutschen Nationalbibliothek:
Die Deutsche Nationalbibliothek verzeichnet diese Publikation
in der Deutschen Nationalbibliografie;
detaillierte bibliografische Daten sind im Internet
über http://dnb.d-nb.de abrufbar.

Erste Auflage 2014
suhrkamp taschenbuch 4560

Papier: RecyStar Polar von Papyrus GmbH, Deutschland
Druck: CPI – Ebner & Spiegel, Ulm
Umschlag: hißmann, heilmann, hamburg
Printed in Germany
ISBN 978-3-518-46560-8

RECYCLED Papier
FSC FSC® C006701

CPI Mehr Bäume. Weniger CO_2.
www.cpibooks.de/klimaneutral

Dieses Buch ist zu 100% auf Altpapier gedruckt.

ZEHN MILLIARDEN

Dies ist ein Buch über uns.

Es ist ein Buch über Sie, Ihre Kinder, Ihre Eltern, Ihre Freunde. Es geht um jeden Einzelnen von uns. Und um unser Versagen. Unser Versagen als Individuen, das Versagen der Wirtschaft und das unserer Politiker.

Es geht um den beispiellosen Notfall planetarischen Ausmaßes, den wir selbst geschaffen haben.

Es geht um unsere Zukunft.

Millionen von Arten leben auf unserer Erde.

Nur eine beherrscht sie. Wir.

Wohnblocks in Schanghai

Durch unsere Intelligenz, unseren Einfallsreichtum und unser Handeln haben wir diesen Planeten verändert, und zwar so gut wie in jeder Hinsicht. Wir haben, daran besteht kein Zweifel, massiven Einfluss auf die Erde.

Unsere Intelligenz, unser Einfallsreichtum und unser Handeln sind allerdings auch die Ursachen all der globalen Probleme, mit denen wir heute konfrontiert sind.

Und jedes dieser Probleme wird drängender, weil wir immer mehr werden und uns auf eine Weltbevölkerung von zehn Milliarden Menschen zubewegen.

Ich bin der Überzeugung, dass wir die Situation, in der wir uns jetzt befinden, mit Fug und Recht einen Notfall nennen können – einen beispiellosen Notfall planetarischen Ausmaßes.

Deshalb habe ich dieses Buch geschrieben.

Ich bin Wissenschaftler.

Ich leite ein Labor in Cambridge, England.
Dort erforsche ich mit einer Reihe herausragender junger Wissenschaftler insbesondere komplexe Systeme, darunter das Klima und diverse Ökosysteme, sowie den Einfluss, den wir Menschen auf die Erde als Ganzes haben.

Verstehen ist das, worum es in der Wissenschaft und somit auch uns letztendlich geht. Wir wollen das Klima unseres Planeten sowie das Verhalten terrestrischer und mariner Ökosysteme verstehen, von Mikrobengemeinschaften bis hin zu den Wäldern der Erde.
Und wir wollen vorhersagen, wie diese lebenswichtigen Systeme auf Veränderungen reagieren werden.

Veränderungen, die wir verursachen.

Wir Menschen traten als Spezies vor ungefähr 200.000 Jahren auf den Plan. In geologischer Zeit gerechnet, ist das nicht mehr als ein Wimpernschlag.

Noch vor 10.000 Jahren lebte eine Million Menschen auf der Erde.

Um 1800, vor gerade einmal 200 Jahren, war es eine Milliarde.

Vor 50 Jahren waren es drei Milliarden.

Jetzt sind wir mehr als sieben Milliarden.

Im Jahr 2050 werden Ihre Kinder oder die Kinder Ihrer Kinder zusammen mit mindestens neun Milliarden anderen Menschen auf diesem Planeten leben.

Irgendwann gegen Ende dieses Jahrhunderts werden wir mindestens zehn Milliarden sein. Möglicherweise sogar mehr.

Weltbevölkerung

(in Milliarden)

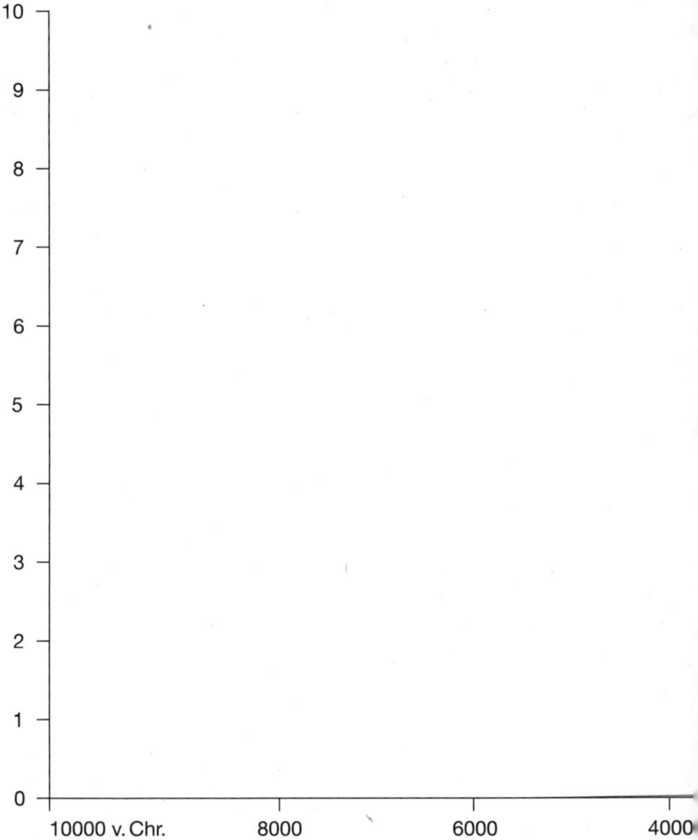

Wachstum der Weltbevölkerung seit 10000 v. Chr., projiziert bis ins Jahr 2100.

Die Darstellung basiert auf: United Nations Department of Economic and Social Affairs, Population Division (Hg.) (2011), World Population Prospects. The 2010 Revision, Band I (New York).

Wie ist es dazu gekommen?

In die Lage, in der wir uns heute befinden, sind wir durch eine Reihe von »Ereignissen« geraten: Insbesondere die Agrarrevolution, die wissenschaftliche Revolution, die industrielle Revolution und im Westen die Revolution des Gesundheitswesens haben unserer Zivilisation ihren Stempel aufgedrückt.

Diese Ereignisse haben unsere Lebensweise und unseren Planeten grundlegend umgestaltet. Ihr Erbe wird auch unsere Zukunft gestalten. Deshalb müssen wir das Bevölkerungswachstum und unser Handeln vor dem Hintergrund dieser Entwicklungen betrachten.

1800 überschritt die Weltbevölkerung die Schwelle von einer Milliarde Menschen.

Einer der Hauptgründe für dieses Wachstum war die Erfindung der Landwirtschaft. Dank der Agrarrevolution konnten wir uns von Jägern und Sammlern in hocheffiziente Nahrungsmittelproduzenten verwandeln.

Diese Entwicklung war entscheidend, um die seit Jahrtausenden bestehenden Kreisläufe des Hungers zu durchbrechen. Nun konnten wir uns ausbreiten – rasend schnell. Tatsächlich gab es, grob gesagt, vier Agrarrevolutionen.

Die erste fand vor 13.000 Jahren statt, als wir begannen, Tiere zu domestizieren.

Die zweite Agrarrevolution setzte im 13. Jahrhundert mit der planmäßigen Zucht von Pflanzen und Pflanzensorten ein.

Die dritte, die, die wir alle aus der Schule kennen, zog sich vom 15. bis ins 19. Jahrhundert. In diesem Zeitraum wurde der Ertrag der Landwirtschaft enorm gesteigert, als auf den Feldern nach und nach mehr Maschinen eingesetzt wurden.

Die vierte, die sogenannte »Grüne Revolution«, vollzieht sich seit den fünfziger Jahren des 20. Jahrhunderts.

Aber bei alldem geht es noch um etwas anderes: Die Art und Weise der Bodennutzung durch uns Menschen begann sich grundlegend zu wandeln.

130 Jahre später waren wir als Spezies schon auf zwei Milliarden angewachsen.

Das war 1930. Die Auswirkungen einer anderen Revolution – der industriellen Revolution – waren mittlerweile deutlich zu spüren. Die Welt wurde durch Fabriken, technische Innovationen, neue Transportmittel und industrielle Verfahren massiv verändert.

Die anhaltende Expansion der Landwirtschaft und die Revolution im Gesundheitswesen ermöglichten es uns zu wachsen – und zwar rasend schnell.

Aber auch hier kommt noch etwas anderes ins Spiel: die tödliche Abhängigkeit von Kohle, Erdöl und Gas als unseren wichtigsten Energiequellen.

30 Jahre später waren wir schon drei Milliarden.

Es war das Jahr 1960, und wir befanden uns mitten in einer Nahrungsmittelrevolution. Es gab mehr von uns. Viel mehr. Wir brauchten mehr Nahrungsmittel. Viel mehr. Bei Weitem mehr, als die herkömmliche Landwirtschaft produzieren konnte.

Möglich wurde die Produktion dieser zusätzlichen Nahrungsmittel durch die sogenannte Grüne Revolution. Darunter versteht man: den großflächigen Einsatz von Pestiziden, Herbiziden und Mineraldünger, eine beispiellose Ausweitung der landwirtschaftlichen Nutzflächen sowie die weitgehende Industrialisierung der gesamten Nahrungsmittelproduktion. Auch die Aufzucht und Haltung von Tieren zum Zweck der Nahrungsmittelproduktion wurde industrialisiert. Plötzlich gab es Flotten schwimmender Fischfabriken, Legebatterien usw.

Das alles verursachte enorme Umweltschäden:

Verlust von Lebensräumen,
Schadstoffbelastung,
Überfischung.

Die Grüne Revolution setzte zudem ein bislang nie dagewesenes Artensterben in Gang, und sie markierte den Beginn der Vernichtung ganzer Ökosysteme.

1980, also 20 Jahre später, lebten vier Milliarden von uns auf der Erde.

Dank der Grünen Revolution gab es jetzt viel mehr Nahrungsmittel. Also wurden Nahrungsmittel billiger.

Wir (damit meine ich uns im Westen) hatten nun mehr Geld zur Verfügung. Und wir fingen an, es für neue Dinge auszugeben: Fernseher, Videorekorder, Walkmen. Haartrockner. Autos, Klamotten, Urlaub.

Die entscheidende Voraussetzung für diesen Kaufrausch war eine dramatische Ausweitung des Personen- und Güterverkehrs.

1960 waren 100 Millionen Autos auf den Straßen der Welt unterwegs. 1980 waren es 300 Millionen.

Highway in Los Angeles

Infolgedessen dehnte sich auch das Straßennetz dramatisch aus, ganze Landstriche wurden zerschnitten und der Lebensraum zahlreicher Arten somit weiter eingeschränkt.

1960 flogen wir 100 Milliarden Passagierkilometer. Dieses Jahr werden es knapp sechs Billionen sein.

Der weltweite Gütertransport nahm in einem ähnlich erstaunlichen Tempo zu. Das ganze Zeug, das wir kauften, plus die Nahrungsmittel, die wir verzehrten, plus alle Rohstoffe und Ressourcen, die nötig waren, um das alles herzustellen – all das musste rund um den Globus transportiert werden.

Gerade einmal zehn Jahre später, 1990, waren wir schon fünf Milliarden.

Mittlerweile zeigten sich die ersten Folgeerscheinungen unseres Wachstums. Und dies besonders deutlich im Zusammenhang mit Wasser.

Unser Wasserbedarf, nicht nur nach Trinkwasser, sondern auch für die Herstellung von Nahrungsmitteln und all dem Zeug, das wir verbrauchten, explodierte.

Und nun bekamen wir zum ersten Mal Probleme mit dem Wasser. 1984 berichteten Reporter aus Äthiopien von einer Dürre biblischen Ausmaßes, verursacht von wochenlanger Trockenheit.

Aber das war ja nur »da unten« in Afrika, so dachte man jedenfalls. Doch solche Dinge passierten nicht nur »da unten«. Außergewöhnlich lange Dürrezeiten (und außergewöhnlich heftige Überschwemmungen) traten plötzlich überall und immer häufiger auf: in Australien, Asien, den USA und in Europa.

Wasser, diese lebensnotwendige Ressource, von der wir immer dachten, sie sei im Überfluss vorhanden, verwandelte sich auf einmal in ein potenziell knappes Gut.

Im Jahr 2000 gab es sechs Milliarden von uns.

Zu diesem Zeitpunkt war den Wissenschaftlern dieser Welt vollends klar geworden, dass die Anreicherung von CO_2, Methan und anderen Treibhausgasen in der Atmosphäre das Klima veränderte. Die Zunahme dieser Gase war ein Resultat der expandierenden Landwirtschaft und Bodennutzung sowie der Produktion, Verarbeitung und des Transports all der Dinge, die wir verbrauchten. Spätestens jetzt ließ sich nicht länger von der Hand weisen, dass wir es mit einem ernsthaften Problem zu tun hatten.

1998 war das wärmste Jahr seit Beginn der Wetteraufzeichnungen im Jahre 1880.

Seit 1998 haben wir die zehn wärmsten Jahre seit Beginn der Wetteraufzeichnungen erlebt.

CO_2-Konzentration in der Atmosphäre

(in parts per million, ppm)

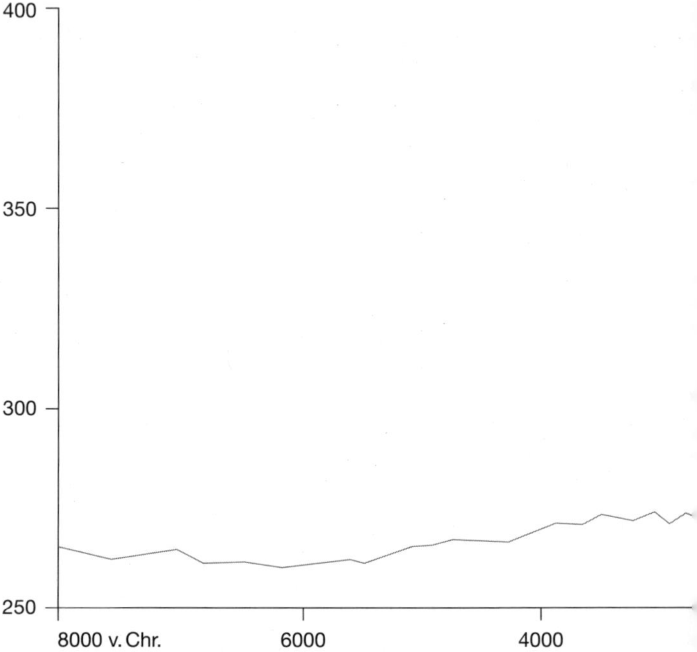

Die CO_2-Konzentration in der Atmosphäre nimmt zu. Während der Wert zu Beginn der industriellen Revolution bei 280 ppm lag, wurden am 4. Mai 2013 400 ppm gemessen. Um zu verhindern, dass die globale Durchschnittstemperatur um mehr als zwei Grad Celsius ansteigt, müssten wir die CO_2-Konzentration auf maximal 450 ppm beschränken. Dieses Ziel werden wir nicht erreichen. Wären wir wirklich entschlossen, etwas gegen den Klimawandel zu tun – was wir nicht sind –, bestünde ein realistischeres Ziel in einer Beschränkung auf 550 ppm. Doch selbst das würde voraussetzen, dass uns die Pflanzen und Ozeane des Planeten auch weiterhin einen Riesen-

gefallen tun und als gigantische Kohlenstoffsenken fungieren. Sollte uns eine solche Beschränkung gelingen, würden wir uns im Bereich eines Temperaturanstiegs von um die vier Grad Celsius bewegen. Die Darstellung basiert auf: Susan Solomon et al. (Hg.) (2007), *Climate Change 2007. The Physical Science Basis*, Beitrag der Arbeitsgruppe I zum *Fourth Assessment Report* des Intergovernmental Panel on Climate Change, Cambridge/New York: Cambridge University Press; C. M. MacFarling Meure et al. (2006), »Law dome CO_2, CH_4 and N_2O ice core records extended to 2000 years BP«, in: *Geophysical Research Letters* 33/14.

Wir sprechen jeden Tag über »das Klima«. Wir sollten vielleicht einmal kurz darüber nachdenken, was genau wir damit meinen.

»Klima« ist ganz offensichtlich etwas anderes als Wetter.

Das Klima ist eines der grundlegenden lebenserhaltenden Systeme der Erde. Von ihm hängt ab, ob wir Menschen auf diesem Planeten leben können oder nicht. Es setzt sich aus vier Komponenten zusammen:

der Atmosphäre (der Luft, die wir atmen),
der Hydrosphäre (dem Wasser auf dem Planeten),
der Kryosphäre (den Eisschilden und Gletschern) und
der Biosphäre (den Pflanzen und Tieren).

Mittlerweile hatten wir begonnen, durch unser Handeln jede dieser Komponenten zu verändern: die Atmosphäre durch unseren Kohlendioxid-Ausstoß, die Hydrosphäre durch unseren explodierenden Wasserverbrauch.

Steigende Luft- und Wassertemperaturen hatten angefangen, die Kryosphäre zu verändern. Davon zeugt insbesondere das unerwartet schnelle Schrumpfen des grönländischen Eisschilds und des Meereises in der Arktis.

Unser wachsender Hunger nach Land – für die Landwirtschaft, für Städte, Straßen und Bergbau – und die Umweltverschmutzung, die wir verursachten, hatten dazu geführt, dass die Biosphäre sich zu verändern begann.

Oder anders ausgedrückt: Wir hatten damit begonnen, unser Klima zu verändern.

Globaler Temperaturanstieg

Jährliche Temperaturanomalien (in Grad Celsius)

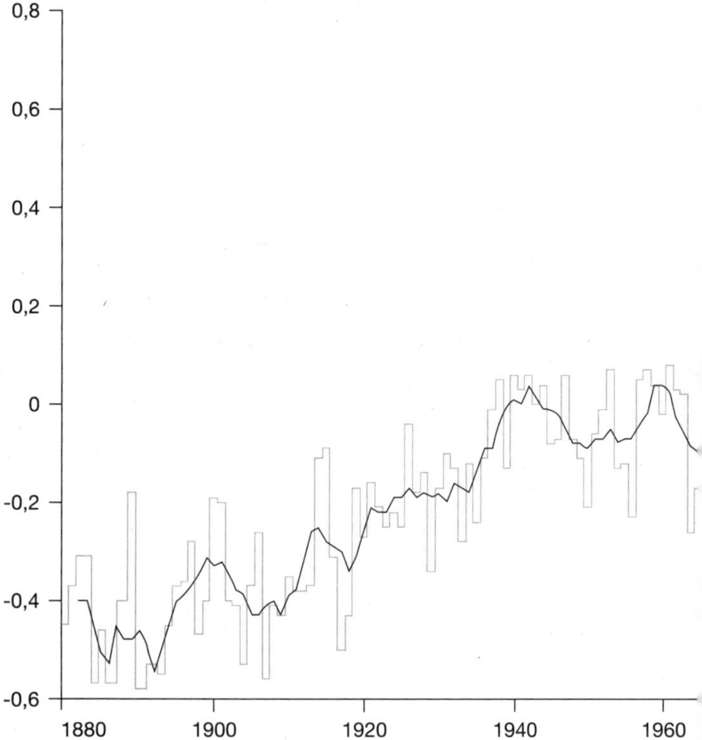

Der Planet erwärmt sich. Obwohl über die letzten zehn Jahre hinweg eine Verlangsamung des Anstiegs der globalen Durchschnittstemperatur in der Atmosphäre zu verzeichnen war, setzt sich der langfristige Trend fort. Das ist eine Konsequenz des Anstiegs der CO_2-Konzentration in der Atmosphäre. Wir haben es mit unumstößlichen Gesetzen der Physik und Chemie zu tun: Steigende CO_2-Werte

führen zu einem Anstieg der Temperatur in der Atmosphäre. Die graue Linie zeigt die jährlichen Temperaturanomalien, die schwarze Linie den Fünfjahresdurchschnitt. Die Darstellung basiert auf: James E. Hansen et al. (2012), »Global temperature anomalies (land meteorological stations)«, online verfügbar unter: {http://cdiac.ornl.gov/trends/temp/hansen/graphics.html} (Stand Juni 2013).

Globaler Anstieg der Meerestemperatur

Wärmeinhalt (in 10^{22} Joule)

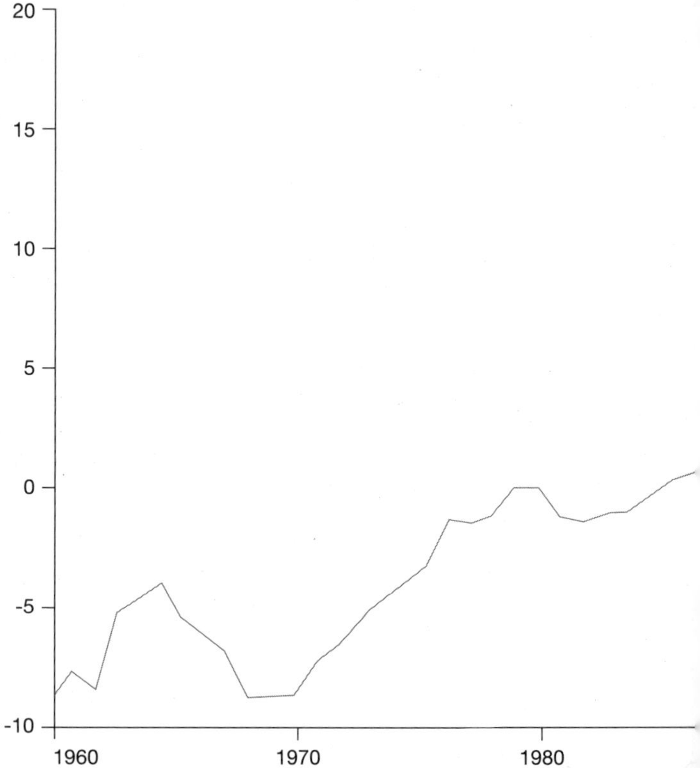

Die Daten zeigen, dass die globale Erwärmung in den letzten zehn Jahren zu einem großen Teil eine Erwärmung der Weltmeere war. Wenn wir über »Erderwärmung« sprechen, müssen wir uns also das ganze System anschauen – das System Erde. Auf dieser Ebene beschleunigt sich auch weiterhin die Erwärmung. Die Abbildung zeigt die Entwicklung des Wärmeinhalts der Weltmeere (Ocean Heat Content, OHC) bis in eine Tiefe von zwei Kilometern.

Die Darstellung basiert auf: Angaben der World Ocean Database des Ocean Climate Laboratory der National Oceanic and Atmospheric Administration (NOAA); Sydney Levitus et al. (2012), »World ocean heat content and thermosteric sea level change (0-2000 m), 1955-2010«, in: *Geophysical Research Letters* 39/10.

Allein in den letzten zwölf Jahren sind wir noch einmal um eine Milliarde gewachsen.

Heute leben über sieben Milliarden von uns auf der Erde.

Weil wir ständig mehr werden, brauchen wir immer mehr Wasser, immer mehr Nahrungsmittel, immer mehr Personen- und Güterverkehr und immer mehr Energie.

Dadurch beschleunigt sich das Tempo, in dem wir unser Klima verändern.

Tatsache ist: Unsere Handlungen und das komplexe System, in dem wir leben, hängen nicht nur auf das Engste miteinander zusammen. Das, was wir tun, und die Erde beeinflussen sich wechselseitig.

Zu verstehen, wie das alles zusammenhängt, ist ungemein wichtig.

Eine wachsende Bevölkerung braucht mehr Wasser und mehr Nahrung.

Mehr Nahrung bedeutet mehr Anbauflächen, die Entwaldung wird beschleunigt.

Gleichzeitig muss mehr Nahrung transportiert werden.

All diese Faktoren beschleunigen den Anstieg des Energieverbrauchs.

Das wiederum führt zu einem immer höheren Ausstoß von Treibhausgasen, vor allem von Kohlendioxid und Methan, was den Klimawandel weiter beschleunigt.

Beschleunigt sich der Klimawandel, wird die Lage (Wasser, Nahrung und Land) immer angespannter. Gleichzeitig wird sie durch steigende Bevölkerungszahlen noch einmal zusätzlich verschärft.

Kurz gesagt: Wenn die Bevölkerung und die Volkswirtschaften wachsen, nimmt der Druck auf das gesamte System dramatisch zu.

An genau diesem Punkt befinden wir uns heute.

Wir müssen uns genauer ansehen, was in diesem Moment – heute – mit diesem hochgradig interdependenten System passiert, auf das wir angewiesen sind und das wir derzeit rasend schnell verändern. Nur dann verstehen wir, auf welchem Weg wir uns gerade befinden.

Momentan werden 40 Prozent der gesamten Landoberfläche unseres Planeten agrarwirtschaftlich genutzt.

Übrig bleiben:

1. die Arktis und die Antarktis;

2. die Sahara und große Teile Australiens, die nicht landwirtschaftlich genutzt werden können; Sibirien und andere Tundragebiete, die ebenfalls nicht genutzt werden können – noch nicht;

3. die Orte, in denen wir leben: Städte und kleinere Ortschaften sowie die spektakuläre Infrastruktur, die dazugehört, das Straßen- und Schienennetz, Flughäfen, Häfen;

4. geschützte Flächen wie Nationalparks;

5. Gebiete, in denen die knapp werdenden Schätze der Erde aus dem Boden geholt werden: Kohle, Erdöl, Seltene Erden, Eisenerz, Kupfer, Zink, Gold, Mineralien und Phosphate;

6. bewirtschaftete Wälder, die für die Holzproduktion genutzt werden.

Bewässerungsfeldwirtschaft in Texas

Der Rest ist von den verbleibenden tropischen Regenwäldern bedeckt – in Asien, Südamerika und im subsaharischen Afrika.

Gerade in diesem Zusammenhang müssen wir uns die Größenordnung noch einmal vor Augen führen: Der Bedarf an Nahrungsmitteln wird sich bis 2050 mindestens verdoppeln.

Insofern ist es kein Wunder, dass momentan im großen Stil »Land Grabbing« stattfindet.

Seit 2000 wurden weltweit Zehntausende Grundstücksdeals abgeschlossen, an denen Regierungen, Großunternehmen sowie eine Reihe von Mischkonzernen und Hedgefonds, aber auch undurchsichtige Institutionen aus Ländern wie China, Saudi-Arabien, Katar, Norwegen, Frankreich, Großbritannien, Deutschland, Indonesien und den USA beteiligt waren.

Diese Organisationen kaufen sehr große Gebiete in verschiedenen Teilen der Welt auf, unter anderem im subsaharischen Afrika, in Asien und in Südamerika. Dort soll Holz gefällt, sollen Metalle, Mineralien, Seltene Erden und Phosphate aus der Erde geholt, Vieh gezüchtet oder Nutzpflanzen angebaut werden.

Diamantenmine in Mirny (Russland)

Allein in den letzten zwölf Jahren haben in diesem Zusammenhang etwa 50 Millionen Hektar Land den Eigentümer gewechselt. Das entspricht einer Fläche annähernd halb so groß wie Westeuropa, die an ausländische Regierungen und Unternehmen veräußert wurde.

Das ist aber nicht der entscheidende Punkt.

Landnutzung, Bodendegradation, die galoppierende Umweltverschmutzung sowie der Verlust von Lebensräumen führen zu einem signifikanten Rückgang im Bestand vieler Arten.

Laut der Roten Liste der Internationalen Union für die Bewahrung der Natur und natürlicher Ressourcen (die International Union for Conservation of Nature and Natural Resources oder kurz IUCN), der weltweit führenden Institution in Sachen Artenvielfalt, sind (Stand 2012) 41 Prozent aller Amphibienarten, 33 Prozent aller Steinkorallen, 25 Prozent aller Säugetiere und 13 Prozent aller Vögel unmittelbar vom Aussterben bedroht.

Wir verlieren heute mit größter Wahrscheinlichkeit tausend Mal schneller einzelne Arten, als unter »natürlichen« Voraussetzungen zu erwarten wäre.

Tatsächlich verursacht unser Tun derzeit mit an Sicherheit grenzender Wahrscheinlichkeit ein Massensterben gigantischen Ausmaßes – das größte seit jenem Ereignis, das vor 65 Millionen Jahren die Dinosaurier auslöschte.

Um das Artensterben anschaulich zu machen, präsentieren uns Zeitungen, Fernsehsender und Umweltschutzorganisationen oft das Bild eines Eisbären, der auf einer viel zu kleinen Scholle sitzt und zu sagen scheint: »Das war's dann wohl.«

Doch das Aussterben der Polarbären ist nur die wortwörtliche Spitze des Eisbergs. Was uns sehr viel stärker beunruhigen sollte, ist der Verlust der Artenvielfalt an sich.

Artensterben

Aussterberate (in extinctions/million species-years, e/msy)

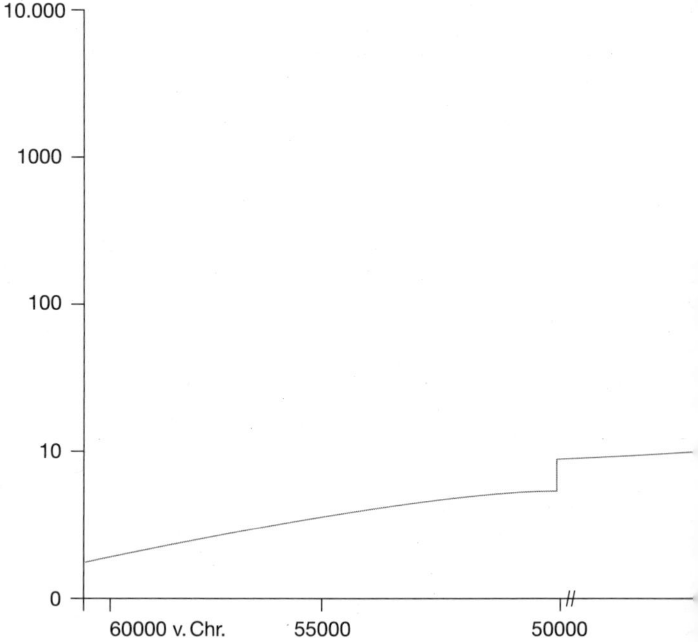

Wir steuern derzeit auf das sechste Massenaussterbeereignis in der Geschichte der Erde zu. Im Verlauf des Pleistozäns steigt die Aussterberate auf 9 e/msy an, als die Menschheit sich über Afrika hinaus ausbreitet, was zum Verschwinden eines Großteils der Megafauna auf anderen Kontinenten führt. Während des Holozäns erreicht die Aussterberate einen Wert von 24 e/msy. Ab etwa 1800 (der steile Anstieg ganz rechts) schnellt die Aussterberate dann dramatisch in die Höhe, und diese Entwicklung wird sich allen Voraussagen nach fortsetzen – im Wesentlichen infolge des Verlusts von Lebensräumen.

Die Darstellung basiert auf: Daten der Paleobiology Database, online verfügbar unter: {http://paleodb.org/} (Stand Juni 2013); Stuart L. Pimm/Peter Raven (2000), »Biodiversity: Extinction by numbers«, in: *Nature* 403, S. 843-845; Anthony D. Barnosky et al. (2011), »Has the earth's sixth mass extinction already arrived?«, in: *Nature* 471, S. 51-57.

Verlust an tropischen Regenwäldern

(im Vergleich zur Gesamtfläche im Jahr 1700)

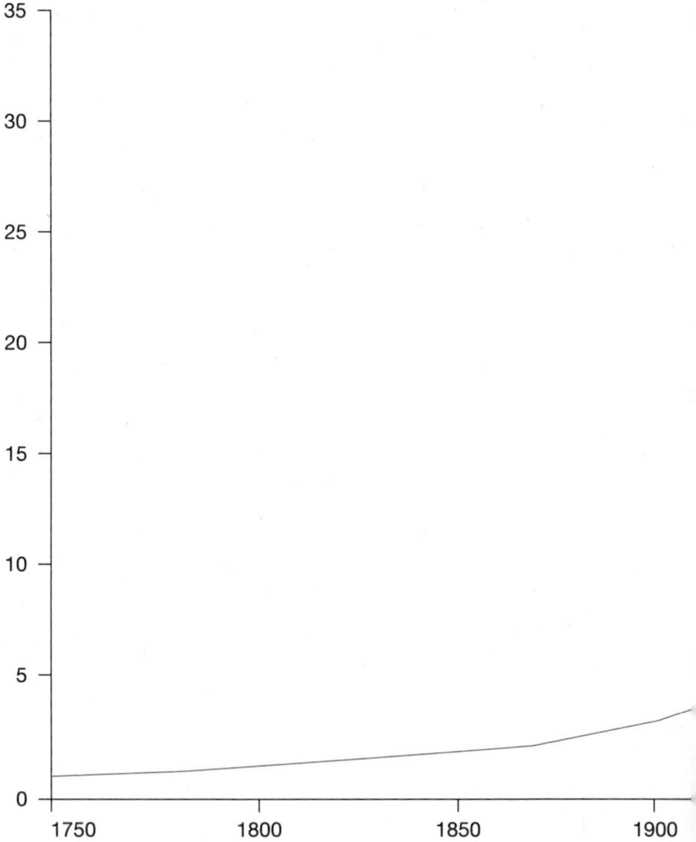

Die Geschwindigkeit, mit der wir tropische Regenwälder verlieren, steigt seit (mindestens) 1700 Jahr für Jahr an. So ging von 1700 bis 1750 insgesamt gerade einmal 1 Prozent der Fläche verloren. Knapp 200 Jahre später waren es insgesamt etwa 5 Prozent. Heute sind es bereits über 30 Prozent. Alle Pläne, die entwickelt wurden, um diesen

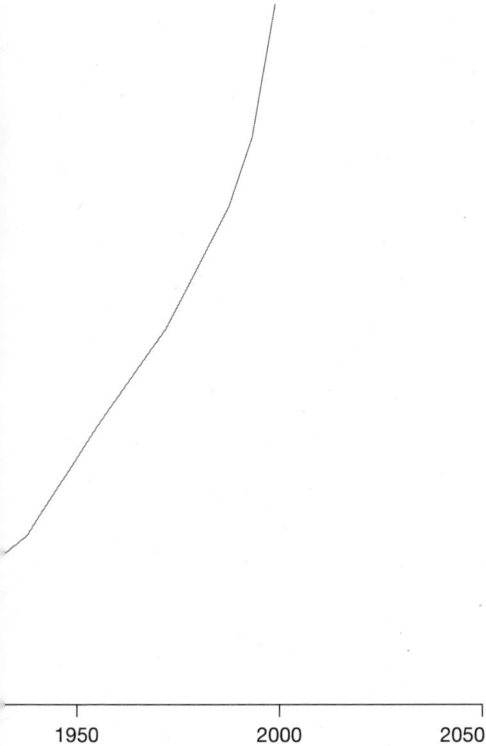

Verlust zu stoppen, sind gescheitert, und dieses Scheitern setzt sich fort. Die Darstellung basiert auf: Will Steffen et al. (2011), »The Anthropocene: From global change to planetary stewardship«, in: *AMBIO. A Journal of the Human Environment* 40, S. 739-761.

Weltweite Ausbeutung der Meeresfauna

Anteil der überfischten Bestände (in Prozent)

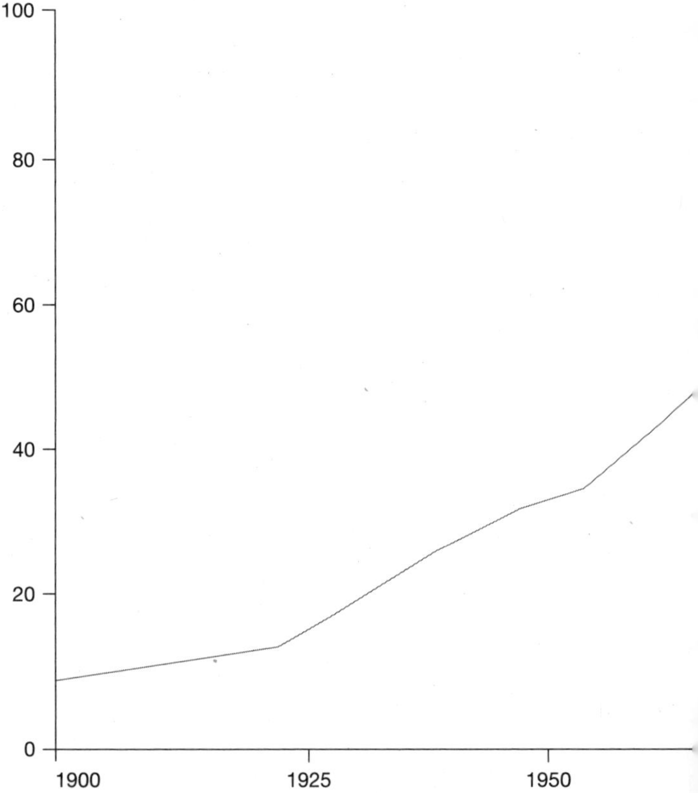

Seit 1900 ist der Anteil der Bestände, die überfischt oder gar bis an die biologischen Grenzen ausgebeutet sind, von 10 Prozent auf 87 Prozent gestiegen. Das Ausmaß, in dem wir derzeit die marinen Ökosysteme leer fischen, ist noch nicht einmal ansatzweise nachhaltig.

Die Darstellung basiert auf: Will Steffen et al. (2011), »The Anthropocene: From global change to planetary stewardship«, in: *AMBIO. A Journal of the Human Environment* 40, S. 739-761; Boris Worm et al. (2009), »Rebuilding global fisheries«, in: *Science* 325/5490, S. 578-585.

Wir wissen nämlich inzwischen, dass Artenvielfalt nicht einfach nur ein nettes Surplus ist.

Es ist genau diese Vielfalt des Lebens auf der Erde – die Vielfalt, die wir gerade in rasantem Tempo beschädigen –, die viele lebenswichtige Funktionen unseres Planeten hervorbringt und am Laufen hält. Darunter fallen auch zahlreiche »Ökosystemdienstleistungen«, das heißt alles, was die Natur uns »kostenlos« zur Verfügung stellt. Also beispielsweise unser Wasser, unsere Nahrung und unser Klima.

Wenn der Verlust der Artenvielfalt auf dem aktuellen Niveau weitergeht, wird das unweigerlich zum Ausfall von Ökosystemfunktionen führen, und der Ausfall von Ökosystemfunktionen wird zum Ausfall der für uns lebenswichtigen Ökosystemdienstleistungen führen.

Dieser Ausfall stellt eine handfeste Bedrohung für unser Überleben dar.

Gehen wir kurz auf unsere Versorgung mit Nahrungsmitteln ein:

Dass der Bedarf an Nahrungsmitteln zunimmt, ist keine Überraschung. Überraschend ist, dass die Nachfrage nach Nahrung schneller wächst als die Weltbevölkerung.

Warum? Aus drei Gründen.

Erstens nehmen immer mehr Menschen immer mehr Nahrung zu sich. Wenn das Bruttoinlandsprodukt, mit dem der Wohlstand eines Landes und seiner Einwohner gemessen wird, steigt, steigt auch der Kalorienverbrauch pro Kopf. Je reicher wir werden (oder je weniger arm wir sind), desto mehr essen wir.

Zweitens essen viele von uns nicht nur mehr, sondern auch anders. Insbesondere verzehrt eine schnell wachsende Anzahl von Menschen in Regionen wie Brasilien, Afrika und China mehr Fleisch.

Drittens ist Essen für Hunderte Millionen von Verbrauchern mittlerweile zu einer Freizeitbeschäftigung, zu einem bloßen Zeitvertreib geworden.

Damit wächst der Druck, mehr Nahrungsmittel herzustellen und immer größere Flächen landwirtschaftlich zu nutzen. Mehr Fleischverzehr bedeutet mehr Sojaanbau. Sojabohnen sind eines der wichtigsten Futtermittel, weil auf diese Weise besonders schnell tierisches Eiweiß produziert werden kann. Die rapide Ausweitung von Ackerflächen für den Anbau von Sojabohnen als Viehfutter führt zusammen mit der rapiden Ausweitung von Landflächen für die Tierhaltung dazu, dass wir noch mehr Ackerland brauchen, weshalb wir noch mehr Wälder roden müssen.

Sojaplantage bei Vilhena (Brasilien)

Dazu kommt als entscheidender Faktor, dass die weltweite Nahrungsmittelerzeugung vollständig von einem stabilen Klima abhängt. Doch momentan ist das Klima alles andere als stabil. Und es ist auf dem besten Weg, immer instabiler zu werden.

Und noch ein Punkt: Die Produktion von mehr Nahrungsmitteln wird an sich schon den Klimawandel beschleunigen. Auf das Konto der Nahrungsmittelerzeugung gehen rund 30 Prozent aller vom Menschen produzierten Treibhausgase (Kohlendioxid, Methan und Distickstoffmonoxid – ein dreihundert Mal wirksameres Treibhausgas als CO_2, das als Nebenprodukt beim Einsatz von Düngemitteln entsteht). Das ist mehr, als weltweit im Zuge der Industrieproduktion oder des Güter- und Personenverkehrs freigesetzt wird.

Mehr Nahrungsmittel bedeuten mehr Treibhausgasemissionen. Diese wiederum beschleunigen den Klimawandel, was extreme Wetterereignisse häufiger werden lässt, die die Zukunft unserer Ernährung immer stärker bedrohen werden.

Erste beunruhigende Anzeichen zukünftiger Entwicklungen lassen sich heute schon erkennen. Die Dürreperioden, die 2008 Australien, 2010 Russland und Osteuropa sowie 2012 die USA, den größten Getreideproduzenten der Welt, heimgesucht haben, waren das Ergebnis von extremen Wetterereignissen und Rekordhitzewellen. Sie führten weltweit zu Einbußen von 20 bis 40 Prozent bei der Getreideernte.

Diese Einbußen wiederum treiben die Preise von Grundnahrungsmitteln an den Terminbörsen der Welt steil nach oben. Wodurch Grundnahrungsmittel wesentlich teurer werden, besonders für die Armen.

Momentan leiden bereits mehr als eine Milliarde Menschen unter extremer Wasserknappheit.

Dennoch steigt unser Wasserverbrauch schnell.

Erschütternderweise werden 70 Prozent des auf der Erde verfügbaren Trinkwassers für die Bewässerung landwirtschaftlicher Flächen verwendet.

Ein großer Teil dieses Wassers stammt aus unterirdischen wasserführenden Schichten, sogenannten Aquiferen. Diese werden momentan schneller – viel schneller – leer gepumpt, als sie sich wieder auffüllen können. Und dennoch werden wir unsere Felder in diesem Jahrhundert noch wesentlich stärker und häufiger bewässern müssen.

Wasserverbrauch

(in Kubikkilometer pro Jahr)

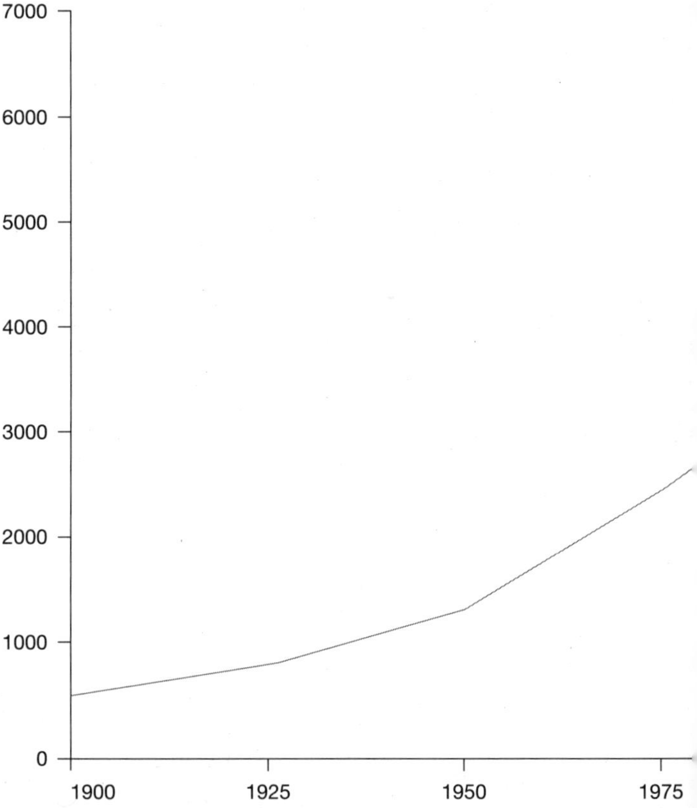

Vor 100 Jahren verbrauchten wir etwa 600 Kubikkilometer Wasser pro Jahr. Momentan verbrauchen wir weltweit jährlich 4000 Kubikkilometer, im Jahr 2025 werden es aller Voraussicht nach 6000 Kubikkilometer sein. Der Wasserverbrauch wächst doppelt so schnell an wie die Weltbevölkerung.

Die Darstellung basiert auf Daten des Umweltprogramms (United Nations Environment Programme, UNEP) sowie der Ernährungs- und Landwirtschaftsorganisation der Vereinten Nationen.

Dazu kommt, dass unser Wasserverbrauch auch in anderen Bereichen schnell ansteigt. Betrachten wir etwa einen wichtigen, aber kaum bekannten Aspekt des zunehmenden Wasserverbrauchs: das virtuelle Wasser.

Virtuelles Wasser ist Wasser, das für die Herstellung all der Dinge benötigt wird, die wir verbrauchen, die wir aber zumeist nicht direkt mit Wasser in Verbindung bringen würden: für Hähnchen, Rindfleisch, Baumwolle, Autos, Schokolade und Smartphones.

Ein Beispiel: Zur Herstellung eines Burgers braucht man rund 3000 Liter Wasser. In Großbritannien wurden 2012 fünf Milliarden Burger verzehrt. Das sind 15 Billionen Liter Wasser für Burger. Und das allein in Großbritannien.

Um ein Hähnchen zu erzeugen, braucht man rund 9000 Liter Wasser. Allein in Großbritannien wurden 2012 eine Milliarde Hähnchen verzehrt.

27.000 Liter Wasser werden ungefähr benötigt, um ein Kilo Schokolade herzustellen. Das sind ungefähr 2700 Liter pro Tafel. Daran sollten Sie denken, wenn Sie es sich das nächste Mal im Schlafanzug auf dem Sofa gemütlich machen und Schokolade futtern.

Aber auch in puncto Schlafanzug habe ich schlechte Nachrichten für Sie: So leid es mir tut, aber zur Herstellung Ihres Baumwollschlafanzugs waren ebenfalls 9000 Liter Wasser notwendig.

100 Liter Wasser sind es bei einer Tasse Kaffee, und zwar *bevor* Sie den Kaffee mit Wasser aufbrühen. Letztes Jahr wurden wahrscheinlich allein in Großbritannien an die 20 Milliarden Tassen Kaffee getrunken.

Und besonders ironisch: Vier Liter Wasser werden ungefähr benötigt, um eine Literflasche aus Plastik herzustellen. Letztes Jahr haben wir allein in Großbritannien neun Milliarden Wasserflaschen aus Plastik gekauft, ausgetrunken und weggeworfen. Das macht 36 Milliarden Liter Wasser, die völlig sinnlos vergeudet wurden, nämlich für die Herstellung von Wasserflaschen.

Letztes Beispiel: Um einen jener Chips herzustellen, die in Ihrem PC, Navi, Handy oder iPad stecken, braucht man etwa 72 Liter Wasser. Im Jahr 2012 wurden etwa zwei Milliarden solcher Geräte produziert. Das macht 144 Milliarden Liter Wasser – allein für die Chips.

Kurzum: Wir konsumieren Wasser genau wie Nahrungsmittel in einem Ausmaß, das völlig untragbar ist.

Den Begriff »Ölfördermaximum« (*peak oil*) hört man immer häufiger.

Er bezeichnet den Zeitpunkt, an dem die weltweite Erdölförderung ihren Höhepunkt erreicht; danach nimmt die Fördermenge ab.

Allgemein geht man davon aus, dass wir diesen Zeitpunkt bereits hinter uns gelassen haben und auf eine weltweite Energiekrise zusteuern, weil Öl und Gas ausgehen.

Das ist jedoch mit an Sicherheit grenzender Wahrscheinlichkeit falsch.

Es gibt immer noch gewaltige Öl- und Gasreserven. Und wir entdecken jedes Jahr neue bedeutende Erdöl-, Kohle- und Gasvorkommen, von Brasilien bis in die Arktis. Mehr noch: Mit der Gewinnung von Öl und Gas aus Sedimentgesteinen ist gerade eine veritable energietechnische Revolution im Gange.

Ich mache mir also keine Sorgen darum, dass uns die fossilen Brennstoffe ausgehen werden. Mich beunruhigt eher der Gedanke, dass wir sie weiterhin nutzen werden. Wenn wir das tun, werden wir die Klimaproblematik noch weiter verschärfen.

Aber stellen Sie sich vor: Genau das passiert gerade. 2012 hat der amerikanische Energiekonzern Exxon Mobil – der größte Ölproduzent der Welt – ein Abkommen mit Russland unterzeichnet. Exxon will 500 Milliarden US-Dollar investieren, um Öl- und Gasvorkommen in der Arktis, genauer in der Karasee, zu erschließen und zu fördern.

Warum? Der Klimawandel macht´s möglich: Weil die Karasee nicht mehr das ganze Jahr über von dickem Eis bedeckt ist, »rechnet« sich plötzlich die Ausbeutung der dort lagernden Öl- und Gasvorkommen.

Und Barack Obama hat beschlossen, den US-Import von Rohöl aus der kanadischen Provinz Alberta zu erhöhen. Zu diesem Zweck wird der unter dem Namen »Keystone XL« bekannte Ausbau einer Pipeline vorangetrieben – um amerikanische Verbraucher täglich mit fast einer Million Barrel Rohöl aus kanadischen Ölsanden zu versorgen.

In Großbritannien vergab die britische Regierung, die ihre Entschlossenheit zum Kampf gegen den Klimawandel sonst bei jeder Gelegenheit demonstriert, 167 neue Lizenzen für Öl- und Gasbohrungen in der Nordsee. Seit wir 1964 angefangen haben, dort Öl zu fördern, wurden noch nie so viele Lizenzen vergeben.

Der vor Kurzem aus dem Amt geschiedene britische Energieminister John Hayes sprach damals von einer »großartigen Woche für die Öl- und Gasindustrie«. Man sei ja oft mit dem »Märchen« konfrontiert, dass »die Nordsee ihre besten Zeiten hinter sich« habe. Nun habe sich jedoch gezeigt, »dass dort immer noch einiges zu holen ist«. Und weiter: »Die Regierung tut alles, was notwendig ist, um Investoren ein Klima der Sicherheit und des Vertrauens zu bieten.«

Wir schrauben nicht nur unseren Verbrauch von Öl und Gas weltweit in die Höhe, sondern auch den von Kohle. Sogar Großbritannien erhöhte den Anteil der aus Kohle gewonnenen Energie 2012 um 31 Prozent.

Während unsere Politiker, unsere Konzerne und unsere eigene Dummheit aller Voraussicht nach dafür sorgen werden, dass wir auf Gedeih und Verderb von Öl, Gas und Kohle abhängig bleiben, sollten wir uns kurz einmal klarmachen, dass Hunderte Millionen armer Menschen jeden Tag Holz verbrennen müssen, um über die Runden zu kommen.

Richtig ist: Die Verwendung von Holz zum Kochen trägt in Teilen Afrikas wesentlich zur Abholzung der Wälder bei. In Afrika und Asien wird beim Kochen so viel Holz und Holzkohle verbrannt, dass dabei in beispiellosem Ausmaß Ruß entsteht. Heute wird jedes Jahr mehr Ruß erzeugt als im gesamten Mittelalter.

Viele Entwicklungsländer haben mit diesem Problem, das maßgeblich zu kurzfristigen Klimaabweichungen und zum langfristigen Klimawandel beiträgt, zu kämpfen.

Doch der Ruß wird nicht nur von jenen armen Menschen in den armen Ländern produziert, die Tag für Tag Holz und Holzkohle verfeuern müssen, um zu überleben. Auch reiche Menschen (wie wir) in reichen Ländern (wie Großbritannien, Deutschland, den USA, Kanada oder Australien) erzeugen Ruß, und zwar immer dann, wenn wir uns, und unser Zeug, mit Flugzeugen, Schiffen und Autos durch die Gegend befördern.

Dieser Ruß aus den Entwicklungs- und aus den entwickelten Ländern (verursacht von Autos, Flugzeugen, Schiffen und Fabriken) erzeugt bräunliche Dunstschichten in der Atmosphäre, sogenannte »Atmospheric Brown Clouds« (ABCs).

Die ABCs wirken sich auf die körperliche Gesundheit der Menschen aus, und zwar massiv: Sie verursachen Atemwegserkrankungen und senken die Lebenserwartung. Weltweit sind drei Milliarden Menschen von Luftverschmutzung durch ABCs betroffen.

Kohleverbrauch

Jährlicher Verbrauch (in Billiarden British thermal units, Btus)

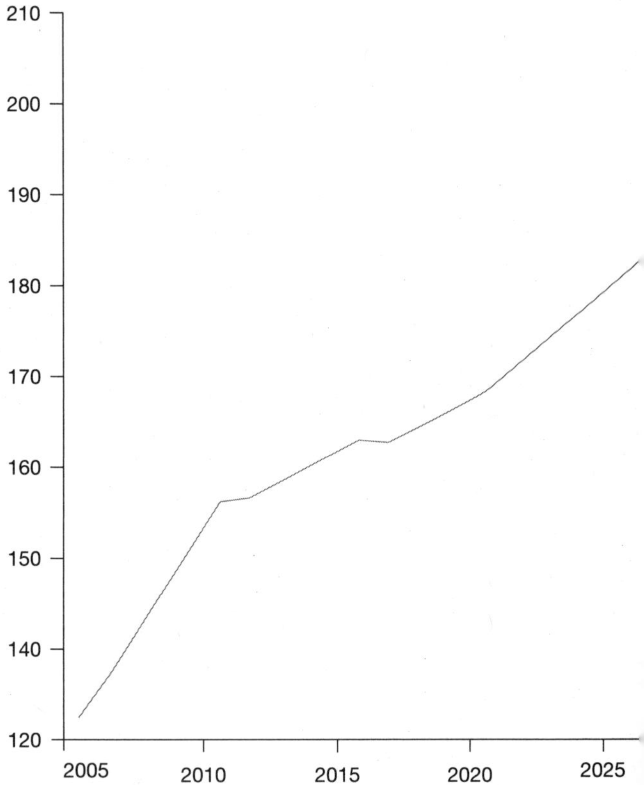

Unser Kohleverbrauch, eine der Hauptquellen der weltweiten CO_2-Emissionen, steigt Jahr für Jahr an. Wir benötigen Kohle, um viele der Dinge, die wir konsumieren, herzustellen und/oder mit Energie zu versorgen. 2011 ging die US Energy Information Administration (EIA) davon aus, dass sich die Kohleexporte aus den USA nach China im Folgejahr verdoppeln würden. Man braucht die Kohle dort für Fabriken, in denen all das Zeug produziert wird, das man anschließend in die

Vereinigten Staaten verfrachtet, weil die Amerikaner es so gerne konsumieren. So exportieren die USA ihre CO_2-Emissionen. Wir werden aller Voraussicht nach auch in Zukunft von Kohle, Erdöl und Erdgas abhängig sein. – Die Darstellung basiert auf dem *International Energy Outlook 2011* der EIA. (Eine Btu entspricht 1055 Joule bzw. der Wärmeenergie, die nötig ist, um ein englisches Pfund Wasser um ein Grad Fahrenheit zu erwärmen; Anm. d. Ü.)

Smog in Hongkong

Die Anzahl der Autos, die seit der Erfindung dieses Fortbewegungsmittels insgesamt produziert wurden, liegt derzeit bei etwa 2,6 Milliarden.

Diese Zahl muss man vor dem Hintergrund der zukünftigen Entwicklung sehen: In den nächsten 40 Jahren werden voraussichtlich etwa vier Milliarden weitere Autos von den Bändern rollen.

Was kostet ein Auto?

Volkswagen, Ford, Toyota & Co. erzählen uns immer wieder, dass man schon für etwa 12.000 Euro ein neues Auto bekommt.

Das stimmt nicht. Sehen wir uns an, was ein Auto wirklich kostet.

VWs auf einem Verladegelände in Houston (Texas)

Schrottplatz in Tacoma (Washington)

Reifendeponie bei Stockton (Kalifornien)

Das Eisenerz, der Grundstoff für die Stahlkarosserie des Pkws, muss gefördert werden, zum Beispiel irgendwo in Australien. Von dort wird es auf einem sehr großen und viele Schadstoffe ausstoßenden Frachter irgendwohin transportiert, zum Beispiel nach Indonesien oder Brasilien, wo Stahl daraus gemacht wird.

Dieser Stahl wird dann auf einem sehr großen und viele Schadstoffe ausstoßenden Frachter zu einem Autowerk transportiert, zum Beispiel in Deutschland.

Auch die Reifen müssen hergestellt werden. Der Kautschuk wird in Malaysia, Thailand oder Indonesien produziert und dann in ein Land verschifft, wo man Reifen daraus macht.

Der Kunststoff für das Armaturenbrett beginnt als Öl in der Erde, das gefördert und exportiert werden muss – auf einem sehr großen und viele Schadstoffe ausstoßenden Frachter –, um Kunststoff daraus zu machen. Dieser wird dann zu einem Autowerk transportiert, wo ein Armaturenbrett daraus geformt wird.

Das Leder für die Sitze war mal ein Tier. Die Tiere, die man zu Herstellung der Sitze verwendet – Rinder –, brauchen viel Wasser und viel Futter. Sie wurden irgendwo gezüchtet, vielleicht in Brasilien. Die Häute wurden dann zum Gerben wahrscheinlich nach Indien gebracht. (Kanpur ist das Zentrum der boomenden indischen Lederindustrie, dort wird das Leder der Autositze und Handtaschen für den gesamten europäischen und amerikanischen Markt gegerbt. Die Lederfabriken verseuchen die Luft und den Ganges mit Salzsäure, Chrom und einem ganzen Cocktail weiterer giftiger Chemikalien.) Das gewonnene Leder wird dann zu Fabriken transportiert, wo es zu Sitzbezügen verarbeitet wird.

Das Blei in der Batterie muss, zum Beispiel in China, aus dem Boden geholt, dann verschifft und in eine Batterie eingebaut werden. Diese Batterie muss danach auf einem sehr großen und viele Schadstoffe ausstoßenden Frachter zu Autofabriken in Deutschland, den USA und anderswo transportiert werden.

Das alles passiert, bevor auch nur ein einziges Auto zusammengeschraubt, geschweige denn zum Autohaus gebracht worden ist, damit Sie es kaufen können.

Und bevor Sie auch nur einen einzigen Liter Benzin getankt haben und Ihren Teil zur Klimaproblematik beitragen.

Was kostet also ein Auto? Ein wahres Vermögen.

Die tatsächlichen Kosten der Umweltzerstörung, der Verschmutzung durch Bergbau, Industrie und Güterverkehr, des sich daraus ergebenden Verlusts von Ökosystemen und des Klimawandels müssen Sie allerdings nicht bezahlen. Diese »externen Kosten«, wie die Ökonomen das gern nennen, werden Ihnen nicht in Rechnung gestellt.

Zumindest noch nicht. Aber irgendjemand wird in Zukunft für diese Kosten – die Folgekosten der Herstellung, die *echten* Kosten eines Autos – aufkommen müssen.

Vielleicht Sie. Vermutlich Ihre Kinder.

Straßenverkehr

Weltweite Automobilproduktion seit 1900 (in Milliarden)

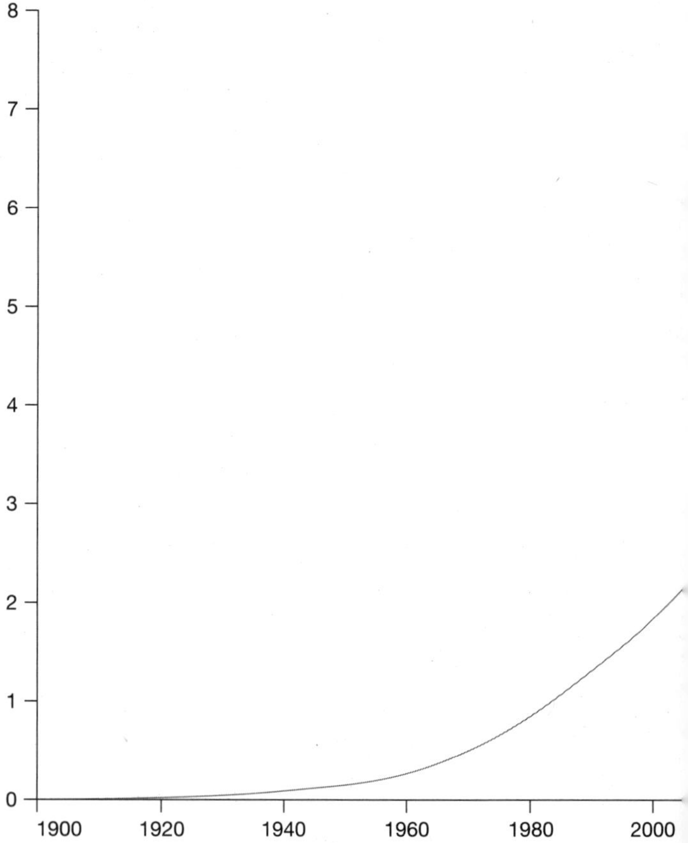

Zwischen 1900 und 2012 wurden weltweit insgesamt etwa 2,6 Milliarden Autos (Pkws, Busse, Lkws und andere Nutzfahrzeuge) produziert. Bis 2050 werden vermutlich weitere vier Milliarden Fahrzeuge die Fabriken verlassen (die Hochrechnung beruht auf einer jährlichen Wachstumsrate von 2,5 Prozent; zwischen 1998 und 2011 ist die Produktion um durchschnittlich 3,27 Prozent gestiegen). Die Darstellung basiert auf Daten der Internationalen Automobilherstellervereinigung (Organisation Internationale des Constructeurs d'Automobiles, OICA), Berechnungen des Autors sowie Joyce Dargay et al. (2007), »Vehicle ownership and income growth, worldwide: 1960-2030«, in: *Energy Journal* 28/4, S. 143-170.

Dieses Jahr werden wir sechs Billionen Flugkilometer zurücklegen.

Eingedenk der Tatsache, dass bei einem Langstreckenflug (hin und zurück) schon mal 100 Tonnen Treibstoff verbraucht werden, kommt dabei einiges zusammen: jede Menge Schadstoffe und Treibhausgase.

Weltweite Flugbewegungen an einem einzelnen Tag

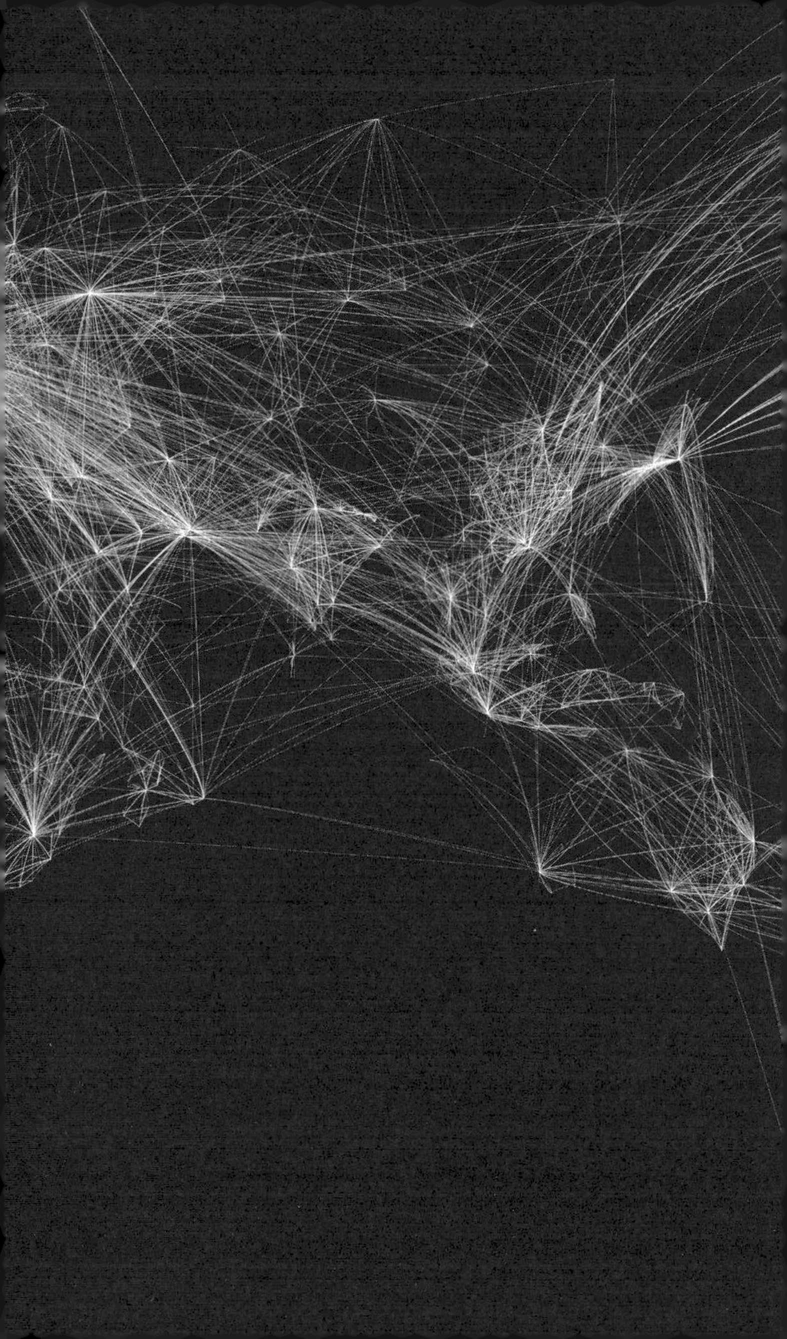

Wir sollten uns kurz ins Gedächtnis rufen, dass das Zeug, das wir jeden Tag kaufen, nicht wirklich aus dem Kaufhof, von Aldi, Rewe, aus der Metro, dem Media Markt oder von Amazon kommt. Der ganze Kram wird aus Ländern wie China, Marokko, Brasilien, der Türkei, Spanien, Südkorea und Peru zu uns gebracht. Egal, ob es sich um Spargel, Schlafanzüge oder Elektrogeräte handelt.

Das Zeug, das wir allein in diesem Jahr verbrauchen – japanische Autos, südafrikanische Orangen, peruanischen Spargel, kenianische Schnittblumen, Kinderkleidchen aus Marokko oder Vietnam, Turnschuhe, Laptops, Smartphones oder Fernseher aus China und Südkorea etc. –, füllt an die 500 Millionen Container, die um die Welt verschifft werden müssen. Dazu kommen etliche Milliarden Tonnen Rohstoffe, die die Basis unseres Konsums bilden: Metalle, Phosphate, Getreide, Erdöl, Gas, Kohle …

Schon jetzt gewinnt der Klimawandel immer stärker an Fahrt.

Besser gesagt: Das System Erde, von dem das Klima lediglich einen Teil darstellt, verändert sich immer schneller.

Die Auswirkungen sind am offensichtlichsten in hohen Breitengraden. Das bedeutet: Wenn wir wissen wollen, wie unsere Zukunft aussehen wird, sollten wir uns zuallererst diese Regionen anschauen. Und dort sieht es gar nicht gut aus.

Die Küsten rund um das Nordpolarmeer ziehen sich um durchschnittlich 14 Meter pro Jahr zurück. Die Eisschilde Grönlands und der Antarktis verlieren derzeit jährlich um die 475 Milliarden Tonnen Masse ans Meer. Und das trägt natürlich zum Anstieg des Meeresspiegels bei.

Und was die Sache noch schlimmer macht, vermutlich sogar bedeutend schlimmer: Durch unser Zutun taut der Meeresboden des Arktischen Ozeans auf, was zur Folge hat, dass riesige Mengen Methan freigesetzt werden.

Über dem ostsibirischen Schelfmeer beobachteten Forscher kürzlich zum ersten Mal mehr als 100 Methanwolken – einige davon hatten einen Durchmesser von über einem Kilometer –, die aus bislang gefrorenen Speichern entwichen. Die Wissenschaftler, die dieses Phänomen entdeckt hatten, sagten, es habe sich dabei um Wolken eines »nie gesehenen«, geradezu »phantastischen Ausmaßes« gehandelt. Sie gingen davon aus, dass es Tausende solcher Wolken gibt.

Das könnte zu sehr ernsthaften Schwierigkeiten führen.

Methan ist ein sehr viel mächtigeres Treibhausgas als Kohlendioxid. Wenn durch das von uns verursachte Auftauen des Meeres- und des Permafrostbodens Methan freigesetzt wird – und genau danach sieht es aus –, wird das jahrzehntelang so weitergehen.
Und wir werden absolut nichts dagegen tun können.

Praktisch alle Daten, die wir aus der Arktis erhalten, deuten darauf hin, dass sich die Situation schlimmer – sehr viel schlimmer – darstellt als noch in den dramatischsten Vorhersagen von vor gerade einmal zehn Jahren.

Aber natürlich betrifft das nicht nur die Arktis. Es betrifft die ganze Welt.

Und übrigens: Heute ist jedes einzelne Blatt an jedem einzelnen Baum auf dieser Welt einer CO_2-Konzentration ausgesetzt, wie es sie auf der Erde seit Millionen von Jahren nicht gegeben hat. Auf welche Weise die Pflanzen unseres Planeten darauf reagieren werden, ist uns bislang schlicht und ergreifend noch nicht vollständig bekannt.

Dabei ist das von entscheidender Bedeutung, weil die Pflanzen (vor allem die Wälder) Grundbausteine des globalen Kohlenstoffkreislaufes darstellen.

Der globale Kohlenstoffkreislauf ist ein gewaltiges und äußerst komplexes System, innerhalb dessen der Kohlenstoff der Welt umgewandelt und verarbeitet wird – Hunderte Milliarden Tonnen davon jedes Jahr. Gegenwärtig tut der globale Kohlenstoffkreislauf jedem von uns sieben Milliarden einen Riesengefallen. Der Klimawandel wird verlangsamt, weil die Pflanzen und Ozeane des Planeten ungefähr die Hälfte unserer CO_2-Emissionen absorbieren (und dies bereits seit der industriellen Revolution). Die andere Hälfte des von uns produzierten Kohlendioxids bleibt in der Atmosphäre. Dieser Teil ist hauptsächlich für den Treibhauseffekt, das heißt für den Klimawandel, verantwortlich.

Aber es sieht so aus, als würde der Kohlenstoffkreislauf uns diesen Dienst nicht mehr lange erweisen.

Weil wir immer weiter und stärker in die Natur eingreifen – etwa indem wir die Wälder abholzen – und der menschengemachte Klimawandel fortschreitet, könnte schon bald der Schalter umgelegt werden, der globale Kohlenstoffkreislauf könnte sich von einer CO_2-Senke in einen CO_2-Produzenten verwandeln. Das wird die Erderwärmung weiter beschleunigen.

Der globale Kohlenstoffkreislauf spielt eine absolut entscheidende Rolle. Von ihm hängt ab, ob wir, und mit uns fast alle Tier- und Pflanzenarten, auf diesem Planeten überleben können oder nicht.

Wir sind gerade dabei, sämtliche Aspekte des globalen Kohlenstoffkreislaufs radikal zu verändern.

Sogar das Magazin *The Economist* hat darauf hingewiesen, dass der Klimawandel und die Ausbeutung von Bodenschätzen (insbesondere in der Arktis), die den Klimawandel ihrerseits beschleunigen wird, mit sehr großer Wahrscheinlichkeit ganzen Ökosystemen unvorstellbaren Schaden zufügen werden. Daraus werden sich Folgekosten in Bezug auf unsere Nahrungs- und Wasserversorgung sowie Ökosystemdienstleistungen ergeben, deren Berechnung die Fähigkeiten des menschlichen Verstands übersteigt. Das (sinngemäße) Fazit des *Economist*? »Niemand will allein die Verantwortung übernehmen, aber alle wollen davon profitieren. Ein Lehrbuchbeispiel für die Tragik der Allmende, vor die der Klimawandel uns heute stellt.«

Alle wissenschaftlichen Erkenntnisse laufen auf eine unumstößliche Tatsache hinaus: Wir stecken in Schwierigkeiten. In ernsthaften Schwierigkeiten.

Noch dazu steuern wir gerade auf völlig unbekanntes Terrain zu: Wir wissen nicht, was passieren wird, wenn wir erst einmal zehn Milliarden sind.

Nur eines lässt sich jetzt schon vorhersagen: Besser wird die Situation nicht.

Welche Probleme kommen infolge des Bevölkerungswachstums und unserer Lebensweise in den nächsten Jahren auf uns zu?

Das Landproblem ist simpel: Wir nutzen schon heute alle landwirtschaftlichen Flächen, die es auf der Erde gibt.

Nur zur Erinnerung: Unser Bedarf an Nahrungsmitteln wird sich bis 2050 mindestens verdoppeln.

Der Druck, die noch verbleibenden tropischen (Regen-) Wälder für die Landwirtschaft zu roden, nimmt daher mit jedem Jahrzehnt zu. Es sind mehr oder weniger die einzigen Flächen, auf die sich die Landwirtschaft noch signifikant ausweiten lässt. Außer Sibirien taut auf, bevor wir mit dem Kahlschlag fertig sind.

Aller Wahrscheinlichkeit nach wird bis 2050 eine weitere Milliarde Hektar Wald abgeholzt werden, um den Nahrungsmittelbedarf einer wachsenden Bevölkerung zu decken.

Das entspricht einer Fläche größer als die der Vereinigten Staaten. Flankiert wird dies von einem zusätzlichen Ausstoß von drei Gigatonnen CO_2 im Jahr.

Sollte Sibirien tatsächlich auftauen, bevor wir mit dem Abholzen der verbleibenden tropischen Regenwälder fertig sind, stünden riesige neue Gebiete für die landwirtschaftliche Nutzung (und für den Abbau von Mineralien, Metallen, Erdöl und Gas) zur Verfügung. Die geopolitischen Machtverhältnisse würden sich dadurch mit ziemlicher Sicherheit komplett verschieben. Angesichts der neu erschlossenen Mineralien- und Energievorkommen sowie des nun verfügbaren Ackerlands würde Russland noch in diesem Jahrhundert zu einer wirtschaftlichen und politischen Großmacht aufsteigen. Zur selben Zeit würden gewaltige Mengen Methan, die momentan noch im Permafrostboden der sibirischen Tundra gespeichert sind, in die Atmosphäre gelangen, was unser Klimaproblem noch einmal drastisch verschlimmern würde.

Unterdessen wird es weitere drei Milliarden Menschen geben, die irgendwo leben müssen.

Im Jahr 2050 werden 70 Prozent von uns in Städten leben. Im 21. Jahrhundert werden die bereits existierenden Städte sehr schnell wachsen. Und es werden neue Städte entstehen, die es heute noch gar nicht gibt. Ist Ihnen bewusst, dass von den 19 brasilianischen Städten, deren Bevölkerung sich im vergangenen Jahrzehnt verdoppelt hat, zehn im Amazonasgebiet liegen? All dies wird noch mehr Land verschlingen.

Das Nahrungsmittelproblem ist ebenfalls simpel:

Wir haben überhaupt keine Antwort auf die Frage, wie wir auf unserem gegenwärtigen Konsumniveau und mit dem derzeitigen landwirtschaftlichen System zehn Milliarden Menschen satt kriegen sollen.

Tatsache ist: Allein um die aktuelle Weltbevölkerung in den nächsten 40 Jahren zu ernähren, bräuchten wir mehr Nahrungsmittel, als in den letzten 10.000 Jahren insgesamt produziert wurden.

Experten gehen allerdings davon aus, dass die landwirtschaftliche Produktivität in den kommenden Jahrzehnten möglicherweise rapide sinken wird.

Warum? Aus drei Gründen.

Erstens: wegen des Klimawandels. Durch die Klimaveränderungen werden extreme Wetterereignisse häufiger und heftiger, was in vielen Teilen der Welt zu Ernteausfällen führen wird (schon heute erleben wir außergewöhnliche Hitzewellen, Dürren und Überschwemmungen).

Zweitens: weil die Bodenqualität schlechter wird und die Wüsten sich ausdehnen. Beide Probleme stellen sich derzeit in vielen Teilen der Welt immer dringlicher. Verursacht werden sie durch Erosion, die Verschmutzung der Gewässer (unter anderem durch Mineraldünger und Übersalzung infolge künstlicher Bewässerung), durch extreme Wetterereignisse, intensive Bewirtschaftung und Überweidung.

Und drittens: weil das Wasser knapp wird. Dafür verantwortlich ist der Umstand, dass wir aufgrund des Klimawandels immer häufigere und dramatischere Dürreperioden erleben, aber natürlich auch der rasant in die Höhe schnellende Verbrauch von Wasser (wobei wir das virtuelle Wasser nicht vergessen dürfen) durch eine wachsende Bevölkerung sowie der steigende Konsum von praktisch allem.

Wenn wir uns einen vagen Eindruck davon verschaffen wollen, was uns in diesem oder im nächsten Jahr, ganz sicher aber in den kommenden Jahrzehnten blüht, müssen wir uns nur ansehen, was 2012 in den Vereinigten Staaten, 2010 in Russland und Osteuropa oder 2008 in Australien passiert ist: Hitzewellen vernichteten bis zu 40 Prozent der Getreideernten, und Zehntausende Nutztiere starben.

Während der russischen Hitzewelle 2010 verhängte der Kreml ein Exportverbot für Getreide; Chaos an den Rohstoffmärkten und ein beispielloser Anstieg der Preise von Grundnahrungsmitteln waren die Folgen. Im Anschluss daran kam es in Asien und Afrika zu Hungerrevolten – Unruhen, aus denen die Aufstände hervorgingen, die wir heute unter dem Namen »Arabischer Frühling« kennen.

Hungerrevolte in Algerien (2011)

Zusätzlich zeichnen sich jedoch zwei weitere Krisenherde ab, die eine Gefahr für unsere Ernährung darstellen werden. Zum einen die Phosphatkrise. Ohne den Einsatz von Mineraldüngern auf Phosphatbasis wäre es so gut wie unmöglich, Nahrungsmittel in der Menge herzustellen, wie wir es derzeit tun. Doch die Phospatvorräte sind endlich, und es deutet sich derzeit an, dass sie bald erschöpft sein werden, und zwar höchstwahrscheinlich noch in diesem Jahrhundert. Nicht *ob*, sondern *wann* das passieren wird, ist die Frage. Und ohne Phosphat wird sich die Menschheit von dem System der Nahrungsmittelproduktion, wie wir es heute kennen, verabschieden müssen.

Zum anderen tauchen neuartige Schadpilze auf, die die Feldfrüchte (und möglicherweise auch die Viehbestände) bedrohen. Schon heute stehen wir vor dem Problem, dass von allen Fungiziden, die wir bislang gegen die wichtigsten bekannten Pilzerkrankungen eingesetzt haben, nur noch eine bestimmte Gruppe, die sogenannten Triazole, wirksam ist. Doch die Schadpilze werden eher früher als später Resistenzen gegen sie entwickeln. Sobald das geschehen ist, drohen uns Hungersnöte in großem Maßstab.

Das ist der Stand der Dinge in Sachen Wasser:

Am Ende dieses Jahrhunderts wird es in weiten Teilen unseres Planeten kein brauchbares Wasser mehr geben.

Infolge des Klimawandels, des zunehmenden Nahrungsmittelbedarfs und des Bevölkerungswachstums werden wahrscheinlich Milliarden von Menschen mit extremer Wasserknappheit leben müssen.

Erster Faktor: Historisch einzigartige Veränderungen des globalen Wasserkreislaufs beeinträchtigen die Verfügbarkeit von Wasser stark. Diese Veränderungen, die auf das Konto unseres Verhaltens und des von uns verursachten Klimawandels gehen, sind bereits heute spürbar und werden sich im Lauf des Jahrhunderts weiter zuspitzen.

Der zweite Faktor: Unser Grundwasserverbrauch (besonders für die Bewässerung landwirtschaftlicher Nutzflächen) nimmt rasant zu. Wir leeren die Grundwasserbestände schneller, als sie sich wieder auffüllen können. Wir stehen vor einer überaus bedrohlichen Grundwasserknappheit, die sich in den nächsten Jahren weiter verschärfen wird. Und unsere Versuche, uns aus diesem Problem »herauszutechnologisieren«, etwa durch Wasserumleitungsprojekte, künstliche Grundwasserneubildung oder effizientere Bewässerungsmethoden, sind allesamt gescheitert.

Dazu kommt, dass die in den Gletschern und den Schneefeldern des Planeten gespeicherten Süßwasservorräte in diesem Jahrhundert aller Voraussicht nach stark abnehmen werden.

Außerdem müssen wir uns klarmachen, dass sich schon ein leichter Anstieg der Wassertemperatur, die häufiger werdenden extremen Wetterereignisse (die sowohl Dürren als auch Überschwemmungen verursachen) und die zunehmende Verschmutzung der Wasservorräte durch Düngemittel, Schwermetalle und Industrieabfälle negativ auf die Wasserqualität sowie auf die Menge des für uns brauchbaren Wassers auswirken werden.

So leid es mir tut: Unser Wasserproblem wird unweigerlich sehr unangenehme Folgen für die Landwirtschaft, unsere Gesundheit und die Ökosysteme haben.

Es wird Sie nicht groß überraschen, wenn ich Ihnen sage, dass die Pkw-Produktion, der Flugverkehr und der Transport von Rohstoffen und Waren in diesem Jahrhundert ebenfalls signifikant zunehmen dürften.

Zunächst einmal werden in diesem Jahrhundert drei Mal mehr Autos vom Band rollen als im letzten. Auch der weltweite Güter- und Personenverkehr zu Lande, zu Wasser und in der Luft wird voraussichtlich Jahr für Jahr weiter expandieren, um immer mehr Menschen und immer mehr von dem Zeug, das wir konsumieren wollen, rund um den Globus zu befördern.

All das wird uns vor erhebliche Probleme stellen: Die CO_2-Emissionen werden zunehmen, es wird mehr Ruß geben, und durch den Abbau und die Verarbeitung von Rohstoffen, die es erst ermöglichen, dieses ganze Zeug herzustellen, werden mehr Schadstoffe in die Umwelt gelangen.

Und noch ein weiterer, vielleicht weniger offensichtlicher Aspekt: Indem wir uns und unsere Güter permanent kreuz und quer über den Globus transportieren, schaffen wir zugleich ein höchst effizientes Netzwerk für die weltweite Ausbreitung von potenziell tödlichen Krankheiten.

Vor gerade einmal 95 Jahren ereignete sich eine globale Pandemie: die Spanische Grippe, der jüngsten Schätzungen zufolge 100 Millionen Menschen zum Opfer fielen. Und damals war eine weitere unserer vielen fragwürdigen Innovationen noch gar nicht erfunden: die Billigfluglinie.

Wenn Millionen von Menschen Tag für Tag um die Welt reisen und Millionen von Menschen eng mit Schweinen und Hühnern zusammenleben, oft sogar in ein und demselben Raum, steigt die Wahrscheinlichkeit, dass ein neuer Virus die Artenschranke zwischen Mensch und Tier überwindet und eine weltweite Pandemie auslöst, beträchtlich.

Kein Wunder also, dass sich eine wachsende Anzahl von Epidemiologen gar nicht mehr fragt, *ob* es zu einer weiteren globalen Pandemie kommen wird, sondern lediglich, *wann* das passiert.

Unser Energieproblem ist simpel:

Um unseren voraussichtlichen Bedarf zu decken, müssen wir die Menge der erzeugten Energie bis zum Ende dieses Jahrhunderts verdreifachen – mindestens.

Um das zu schaffen, müssen wir im Grunde einfach nur Folgendes tun:

1800 Staudämme bauen, die so groß sind wie die leistungsstärksten, die wir derzeit haben,
23.000 neue Atomkraftwerke ans Netz nehmen,
14 Millionen Windräder aufstellen,
36 Milliarden Solarmodule installieren

– oder einfach mit Öl, Kohle und Gas weitermachen und die 36.000 neuen Kraftwerke bauen, die wir dann benötigen werden.

Unsere vorhandenen Erdöl-, Kohle- und Gasreserven sind mehrere Billionen Dollar wert. Werden unsere Regierungen und die großen Öl-, Kohle- und Gasfirmen dieser Welt – die zu den einflussreichsten Konzernen überhaupt gehören – sich wirklich dafür entscheiden, das Geld einfach im Boden zu lassen, während die Nachfrage nach Energie unaufhörlich steigt?

Ich bezweifle es.

Beim Klimawandel haben wir es mit einem Problem einer ganz anderen Größenordnung zu tun.

Es besteht darin, dass wir uns in diesem Bereich mit ziemlich großer Sicherheit auf eine Reihe entscheidender »Kipppunkte« (sogenannter *tipping points*) zubewegen.

Alle komplexen Systeme, und damit auch die Erde, haben eine wichtige Eigenschaft gemeinsam: Eine winzige Veränderung oder Störung kann so weitreichende Auswirkungen haben, dass das ganze System »kippt«, es sich also vollkommen verändert, ohne dass wir absehen könnten, in welche Richtung.

Lassen Sie uns nur einen der Kipppunkte betrachten, auf die wir momentan zusteuern: einen Anstieg der globalen Durchschnittstemperatur um mehr als zwei Grad Celsius.

Auf Initiative des Zwischenstaatlichen Ausschusses für Klimaveränderungen (des Intergovernmental Panel on Climate Change oder kurz IPCC) hat sich die internationale Gemeinschaft auf das Ziel verständigt, den Temperaturanstieg auf zwei Grad Celsius zu begrenzen. Man hat diese Marke gewählt, weil ein Anstieg von mehr als zwei Grad zu katastrophalen Klimaveränderungen sowie infolgedessen dazu führen würde, dass wir mit fast hundertprozentiger Sicherheit gleich mehrere der bereits erwähnten Kipppunkte erreichen würden, ab denen die dann beginnenden Prozesse nicht mehr reversibel wären: das Abschmelzen des grönländischen Eisschilds, die Freisetzung von Methan aus bislang gefrorenen Böden der arktischen Tundra oder das Absterben des Regenwaldes im Amazonasgebiet.

Tatsächlich ereignen sich die ersten beiden Prozesse schon heute – bevor die Zwei-Grad-Grenze erreicht ist. Und was den dritten angeht, warten wir erst gar nicht darauf, dass der Klimawandel seine Arbeit tut: Wir erledigen es selbst, durch Abholzung.

Mehr noch: Jüngste Studien zeigen bedauerlicherweise, dass die Weltdurchschnittstemperatur aller Voraussicht nach um mehr als zwei Grad ansteigen wird – um sehr viel mehr.

Ein weltweiter Durchschnittsanstieg um vier Grad gilt als sehr wahrscheinlich – einer um sechs Grad nicht als undenkbar.

Ein Anstieg um vier bis sechs Grad wäre absolut verheerend. Er würde völlig unkontrollierbare Klimaveränderungen auslösen, der ganze Planet würde möglicherweise »kippen«, und zwar binnen kurzer Zeit. Die Erde wäre die Hölle auf Erden.

Bis es endgültig so weit ist, werden wir Zeugen beispielloser Wetterextreme werden: von Buschfeuern, Überschwemmungen, Hitzewellen, Ernteeinbußen, Waldsterben, Wasserknappheit und einem katastrophalen Anstieg des Meeresspiegels.

Doch selbst wenn wir Glück haben und die Temperatur um weniger als vier Grad steigt, wird es am Ende dieses Jahrhunderts mit an Sicherheit grenzender Wahrscheinlichkeit keinen Staat namens Bangladesch mehr geben – er wird in den Fluten des Golfs von Bengalen untergegangen sein.

Große Teile Afrikas werden auf Dauer zu Katastrophengebieten werden. Das Amazonasgebiet wird sich womöglich in eine Strauchlandschaft oder gar eine Wüste verwandeln. Und die gesamte Landwirtschaft wird in einem nie dagewesenen Ausmaß bedroht sein.

Überschwemmungen in Asien

Anzahl der schweren Hochwasser seit 1950

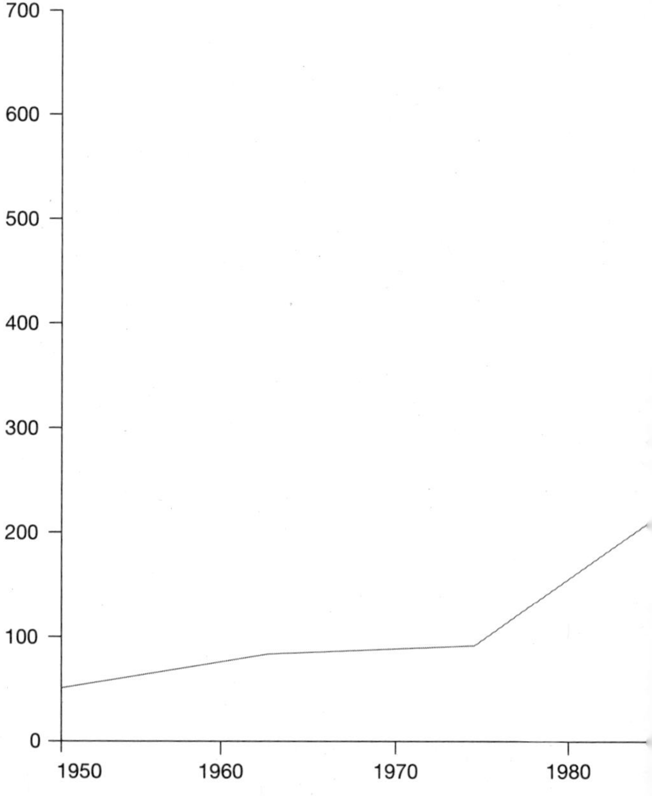

Die Häufigkeit extremer Wetterereignisse nimmt rapide zu. In Asien stieg die Anzahl der schweren Hochwasser pro Jahrzehnt seit 1950 von 50 auf 700 an. Es wäre töricht abzustreiten, dass dies mit an Sicherheit grenzender Wahrscheinlichkeit auf vom Menschen verursachte (anthropogene) Veränderungen des Klimas und des Systems Erde insgesamt zurückzuführen ist.

Die Darstellung basiert auf Statistiken des International Centre for Integrated Mountain Development (ICIMOD) mit Sitz in Kathmandu (Nepal), dem *Millennium Ecosystem Assessment Report* des Umweltprogramms der Vereinten Nationen sowie auf Daten des UNEP-Standorts in Arendal (Norwegen).

Flächenbrände in Nord- und Südamerika

Anzahl der schweren Brände pro Jahrzehnt

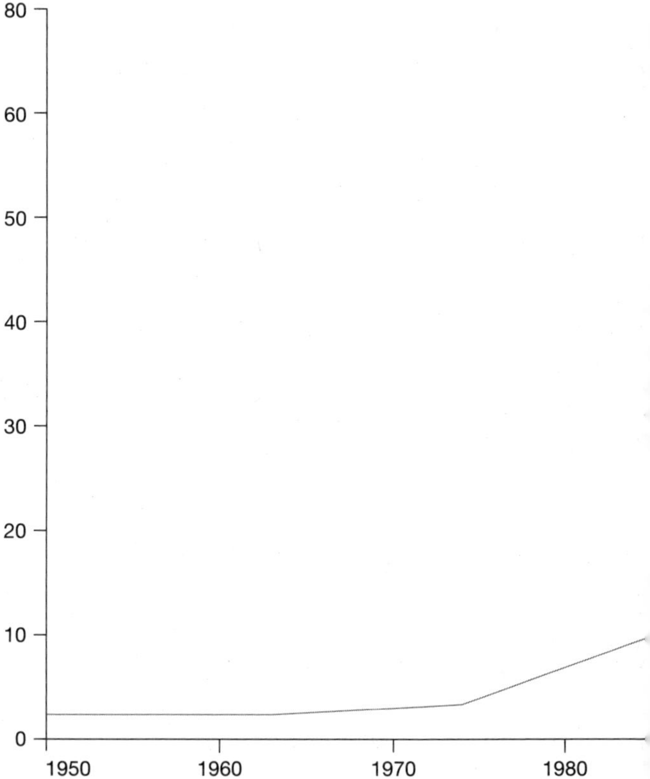

In Nord- und Südamerika hat die Häufigkeit schwerer Flächenbrände seit 1950 stark zugenommen. Während sich in den fünfziger Jahren dort insgesamt lediglich zwei Flächenbrände ereigneten, waren es in den neunziger Jahren insgesamt 50.

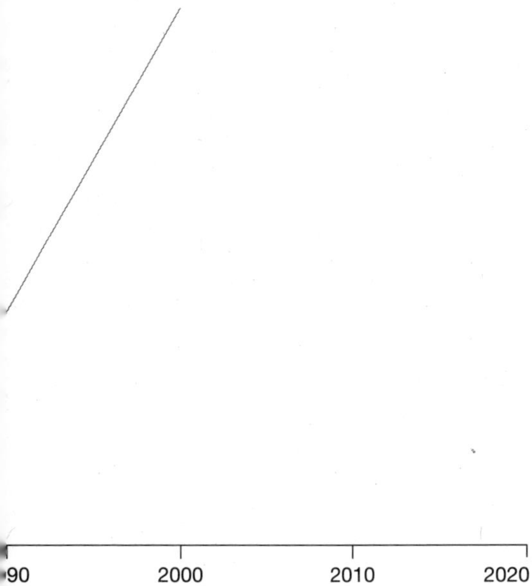

Die Darstellung basiert auf Statistiken des US National Interagency Fire Center sowie auf dem *Millennium Ecosystem Assessment Report* der Vereinten Nationen aus dem Jahr 2005.

Die Länder, die »besser dran sind«, also zum Beispiel Großbritannien, die USA oder die Mehrzahl der Staaten auf dem europäischen Festland, werden sich vermutlich in militarisierte Zonen verwandeln. Sie werden ihre Grenzanlagen ausbauen, um das Eindringen von Millionen von Menschen zu verhindern, die ihre Heimat verlassen haben, weil diese nicht mehr genug Wasser und Nahrung bietet, weil sie von Konflikten um seltener werdende Rohstoffe heimgesucht wird oder weil sie schlichtweg nicht mehr bewohnbar ist.

Man wird diese Menschen »Klimaflüchtlinge« nennen. An diesen Begriff sollten wir uns schon einmal gewöhnen.

Wer glaubt, dass die sich derzeit abzeichnende Situation nicht das erhebliche Risiko neuer Bürgerkriege und internationaler Konflikte in sich birgt, macht sich etwas vor.

Es ist kein Zufall, dass auf fast jeder wissenschaftlichen Klimakonferenz, die ich besuche, seit Neuestem Teilnehmer auftauchen, die man zuvor dort eher selten gesehen hat: Militärs.

Egal, aus welchem Blickwinkel man die Sache betrachtet: Ein Planet mit zehn Milliarden Menschen wird der reinste Albtraum sein.

Was noch besorgniserregender ist: Schon heute liegt zwingendes Beweismaterial auf dem Tisch, dem zufolge ganze globale Ökosysteme nicht nur kippen können, sondern sich diesem Punkt bereits jetzt nähern.

Was also können wir überhaupt noch tun?

Ich sehe zwei Möglichkeiten. Wir können versuchen, uns aus dem Schlamassel »herauszutechnologisieren«. Oder wir ändern unser Verhalten, und zwar radikal.

Rettung durch Technologie

Damit betreten wir den Herrschaftsbereich der »rationalen Optimisten«. Sie argumentieren, dass auch frühere Untergangsszenarien – man denke an Thomas Malthus' Vorhersagen zur Überbevölkerung oder Paul R. Ehrlichs Buch *Die Bevölkerungsbombe* aus dem Jahr 1968 – sich schlussendlich als unzutreffend erwiesen haben, nicht zuletzt, weil es uns dank unserer Intelligenz und unseres Einfallsreichtums noch jedes Mal gelungen ist, mittels neuer Technologien einen Ausweg aus dem Problem der Bevölkerungsexplosion zu finden. So haben wir uns zum Beispiel mithilfe der Grünen Revolution aus der Ernährungskrise der fünfziger und sechziger Jahre des letzten Jahrhunderts »heraustechnologisiert«.

Vergessen wir für einen Moment die Tatsache, dass wir uns durch neue Erfindungen eigentlich erst in diese Misere *hinein*technologisiert haben, und schauen uns die derzeitigen Ideen zur Rettung durch Technologie an.

Im Prinzip liegen fünf Vorschläge auf dem Tisch:

1. Grüne Energie
2. Kernkraft
3. Entsalzung
4. Geoengineering
5. eine zweite Grüne Revolution

Der Begriff »Grüne Energie« bezieht sich im Wesentlichen auf Wind-, Wellen- und Wasserkraft sowie auf Solarenergie und Biokraftstoffe, also das, was oft auch als »grüne«, »nachhaltige« oder »alternative Energiequellen« bezeichnet wird.

Fakt ist allerdings, dass diese Grünen Technologien derzeit keine realistische Option für den Planeten in seiner Gesamtheit darstellen. Zur ihrer Einführung wird es schlicht und ergreifend nicht kommen.

Zunächst: Es ist schwer vorstellbar, dass wir mit den existierenden Grünen Technologien unseren Energiebedarf auch nur annähernd decken können. Für die Herstellung der nächsten Generation von Silizium-Solarzellen zum Beispiel müssen in großem Stil Metalle und Seltene Erden abgebaut werden. Der Abbau dieser Metalle ist allerdings alles andere als »grün« oder ökologisch. Bei vielen dieser Metalle droht ein, wie es in der Branche so schön heißt, »Angebotsdefizit«, anders ausgedrückt: Sie gehen uns aus. Und bei der Herstellung dieser Solarzellen werden beachtliche Mengen an Stickstofftrifluorid freigesetzt – einem der stärksten Treibhausgase der Welt.

Zweitens: Selbst wenn die vorhandenen Grünen Technologien die Lösung wären, was nicht der Fall ist, müssten wir immer noch auf ein gigantisches Programm zur nachhaltigen Energieerzeugung umstellen, und zwar auf der Stelle und vor allem weltweit.

Das machen wir aber nicht.

Und selbst wenn wir auf solch ein umfassendes, weltweites Programm umgestellt hätten – was wir nicht getan haben –, würde es mehrere Jahrzehnte dauern, bevor wir den gesamten Planeten mit Grüner Energie versorgen könnten.

In der Zwischenzeit werden wir zur Energieerzeugung auch weiterhin fast ausschließlich auf fossile Brennstoffe – Erdöl, Kohle, Gas – angewiesen sein und somit das Klimaproblem weiter verschärfen.

Ein letzter Ausweg wäre allerdings denkbar: eine radikale Revolution in der Erzeugung erneuerbarer Energien. Die Pflanzen machen es uns bereits vor. Man nennt es »Photosynthese«.

Wenn wir es irgendwie hinkriegen würden, »künstliche Photosynthese« zu betreiben, wenn wir uns also von den Pflanzen abschauen könnten, wie man Sonnenstrahlen in Energie und Sauerstoff umwandelt, könnte das eine mögliche Lösung für die Energieprobleme der Welt darstellen.

Allerdings gibt es nur einige wenige Forschungslabore auf der Welt – darunter meines –, die sich mit dieser Frage beschäftigen, und auch sie fangen gerade erst damit an.

Ich hätte nie gedacht, dass ich so etwas einmal sagen würde, aber zumindest kurzfristig – das heißt für die nächsten Jahrzehnte – sieht es so aus, als könnte allein die Kernkraft unser Energieproblem lösen.

Doch wenn das funktionieren soll, müssten wir auf ein gigantisches Programm zur nuklearen Energieerzeugung umstellen, und zwar auf der Stelle und weltweit.

Das machen wir aber nicht.

Im Gegenteil: Überall auf der Welt ziehen Regierungen sich aus der Atomkraft zurück, weil sie so teuer und bei der Bevölkerung unbeliebt ist. Zudem weigern sich die kommerziellen Atomstromerzeuger, die langfristigen Kosten für die Stilllegung der Anlagen und die Entsorgung des radioaktiven Mülls zu übernehmen.

Theoretisch könnte man das globale Problem der Wasserknappheit dadurch lösen, dass man Entsalzungsanlagen baut, mit denen sich Meerwasser in Nutz- oder gar Trinkwasser verwandeln lässt.

Aber auch mit einem solch groß angelegten Entsalzungsprogramm müssten wir augenblicklich beginnen. Es ist allerdings noch nicht einmal irgendwo in Planung.

Und selbst wenn das der Fall wäre – wovon keine Rede sein kann –, würden wir doch nur ein Problem (den zunehmenden Trinkwassermangel) lösen, indem wir zwei andere verschlimmern.

Zum einen das Energieproblem. Entsalzung ist nämlich extrem energieintensiv. Zum anderen die Zerstörung von Küstenökosystemen, da bei der Entsalzung unglaublich viele Schadstoffe entstehen.

Mit Geoengineering ist im Prinzip gemeint, dass wir im weltweiten Maßstab großtechnische Mittel einsetzen müssen, um die schlimmsten Konsequenzen, die uns bevorstehen, zumindest abzuschwächen. Besonders beliebt in diesem Zusammenhang sind die folgenden Ideen:

1. Die Düngung der Ozeane mit Milliarden Tonnen Eisenpartikeln, um das Algenwachstum anzuregen und so CO_2 zu binden. Für die marinen Ökosysteme könnte das allerdings katastrophale Folgen haben. Und was die möglichen Auswirkungen solcher Maßnahmen auf den globalen Kohlenstoffkreislauf angeht, tappen wir völlig im Dunkeln.

2. Die Installation riesiger Schutzschirme im Weltraum, um die Sonnenenergie zurück ins All zu reflektieren.

3. Die Anreicherung der Atmosphäre mit Schwebstoffen, sogenannten Aerosolpartikeln. Dazu muss kontinuierlich Schwefeldioxid in die Atmosphäre eingespeist werden, um den Effekt von »täglichen« Vulkanausbrüchen zu imitieren, oder man verwendet Kalkstaub, Titanchlorid oder Ruß, um die Sonneneinstrahlung zu hemmen. Im Grunde geht es darum, ABCs »technisch« zu erzeugen. Ich muss allerdings darauf hinweisen, dass ABCs schon jetzt die Gesundheit von drei Milliarden Menschen negativ beeinflussen.

4. Die CO_2-Abscheidung und -Speicherung. Hier besteht das Ziel darin, Kohlendioxid an seiner Quelle, den Kraftwerken, einzufangen und ins Erdreich zu pumpen. Das weltweit größte Pilotprojekt dieser Art gab es in Großbritannien. Es wurde allerdings 2012 frühzeitig eingestellt, weil es sich als technisch und finanziell nicht durchführbar erwies.

Das große Problem: Nicht eine der Geoengineering-Ideen wurde jemals wirklich erprobt.

Alle sind extrem teuer. Alle können Dominoeffekte auslösen, zu deren langfristigen Auswirkungen sich keinerlei seriöse Vorhersagen treffen lassen.

Ich persönlich bin nicht vom Geoengineering überzeugt. Im Gegenteil: Ich bin extrem skeptisch.

Wie bereits erwähnt, verfügen wir derzeit nicht über die Mittel, um zehn Milliarden Erdenbürger zu ernähren. Kein Wunder also, dass die Möglichkeit einer zweiten Grünen Revolution zur Lösung dieses Problems im Moment heiß diskutiert wird.

Wenn wir *eine* Grüne Revolution hinbekommen haben, so der naheliegende Gedanke, warum sollten wir das dann nicht ein zweites Mal schaffen?

Dass wir eine Ernährungsrevolution brauchen, und zwar dringend, wird wohl niemand leugnen. Andernfalls werden nämlich mit ziemlich großer Sicherheit Milliarden von uns verhungern.

Bevor wir uns jedoch mit der Idee einer zweiten Grünen Revolution anfreunden, empfiehlt es sich, die erste ein bisschen genauer unter die Lupe zu nehmen.

Im Mittelpunkt der ersten Grünen Revolution stand die Steigerung der Ernteerträge. Um dieses Ziel zu erreichen, mussten wir jedoch überall auf der Welt Kunstdünger einsetzen und niedriger wachsende Pflanzensorten züchten, bei denen weniger Energie ins Höhenwachstum und mehr in die Produktion von für uns nutzbaren Samen und Blüten fließt.

Die Züchtung niedriger wachsender Pflanzensorten hatte ihren Preis: Wir mussten fortan mehr chemische Herbizide einsetzen, weil das Unkraut sonst die Nutzpflanzen überwuchert und ihnen das Licht weggenommen hätte.

Außerdem haben wir den Pflanzen ihre natürlichen Schutzmechanismen gegen Schädlinge »weggezüchtet«. Warum? Weil diese Mechanismen das Wachstum verlangsamten. Im Gegenzug mussten wir dann freilich mehr chemische Pestizide einsetzen.

Dazu kommt, dass die neuen Pflanzensorten absurd viel Wasser benötigen, weshalb der Wasserverbrauch in der Landwirtschaft massiv nach oben schnellte.

Die Grüne Revolution ist also keine Erfolgsgeschichte von »cleveren Menschen, denen es gelang, die Erträge unserer Felder und Weiden zu steigern«. In Wahrheit ist es die Geschichte von ein paar cleveren Menschen, die es für eine gute Idee hielten, um jeden Preis die Nahrungsmittelproduktion zu steigern, genauer: um den Preis, mehr Energie und mehr Chemikalien einsetzen zu müssen.

Die Grüne Revolution war und ist ein Märchen.

Wir benötigen dringend eine Ernährungsrevolution, die diesen Namen verdient. Dazu bedarf es einer radikal neuen Art von Wissenschaft.

Rettung durch Technologien – weitere Ideen?

Natürlich kann niemand ausschließen, dass irgendwann in der näheren oder ferneren Zukunft Ideen und Technologien entwickelt werden, von denen wir heute noch gar nichts ahnen. Klar, mit diesem Einwand kommen sie dann immer, die rationalen Optimisten: Mit all unserer Intelligenz und all unserem Einfallsreichtum werden wir schon eine Lösung finden. Heißt: Keine Sorge! Wir werden schon etwas austüfteln, was uns aus dieser misslichen Lage rettet. Diese Hoffnung ist verführerisch, das muss selbst ich zugeben. Aber in Wirklichkeit ist sie nicht mehr als reines Wunschdenken.

Wenn man sich die aktuelle Situation anschaut, wäre es aus meiner Sicht deutlich gescheiter, ab sofort die Haltung eines »rationalen Pessimisten« einzunehmen.

Angesichts der Erkenntnisse, die derzeit vorliegen, halte ich es für sehr unwahrscheinlich, dass wir uns aus der Misere heraustechnologisieren werden.

Wir müssen uns also etwas anderes einfallen lassen.

Wenn wir das Problem nicht mithilfe neuer Technologien lösen können, bleibt uns nichts anderes übrig, als unser Verhalten zu ändern, und zwar radikal. Das gilt für jeden Einzelnen von uns, überall auf der Welt, in jedem erdenklichen Bereich.

Kurz: Wir müssen unseren Konsum reduzieren. Drastisch. Und wir müssen sparsamer mit unseren Ressourcen umgehen. Viel sparsamer.

Wenn solch radikale Verhaltensänderungen Wirklichkeit werden sollen, sind seitens der Regierungen ebenfalls radikale Maßnahmen nötig.

Diesbezüglich sind die Politiker heute allerdings Teil des Problems, nicht der Lösung. Aus einem einfachen Grund: Würden die Politiker die notwendigen Entscheidungen treffen, wären sie sehr schnell ziemlich unbeliebt. Und das wissen sie selbst nur allzu gut.

Die Politiker haben sich also stattdessen für den Weg der gescheiterten Verhandlungen entschieden. Beispiele?

Die Klimarahmenkonvention der Vereinten Nationen, die 1992 mit dem Ziel verabschiedet wurde, einen weiteren Anstieg der Treibhausgaskonzentration in der Erdatmosphäre zu verhindern – ein Reinfall.

Das Übereinkommen der Vereinten Nationen zur Bekämpfung der Wüstenbildung, das 1994 unterzeichnet wurde, um einem Fortschreiten der Desertifikation und der Bodendegradation entgegenzuwirken – ein Reinfall.

Die Biodiversitäts-Konvention, die 1992 in Rio de Janeiro ausgehandelt wurde, um das Tempo des Artensterbens zu begrenzen – ein Reinfall.

Das sind nur drei Beispiele aus einer deprimierend langen Liste internationaler Abkommen, die sich allesamt als Reinfall erwiesen haben.

Und sowohl die Rio+20-Konferenz als auch die jüngsten UN-Klimakonferenzen, die 2013 in Warschau und 2014 in Lima stattfanden, haben Formelkompromisse hervorgebracht, die noch weicher sind als all die vorherigen Abkommen, Konventionen und »Selbstverpflichtungen«.

Globale Kohlenstoffemissionen

Kohlenstoffemissionen aus der Nutzung fossiler Brennstoffe (in Millionen Tonnen)

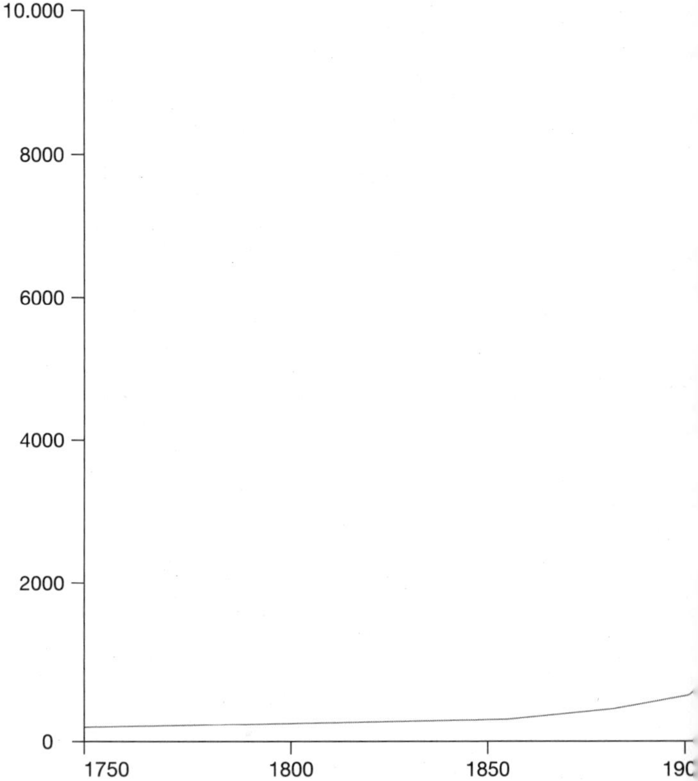

Obwohl die Regierungen dieser Welt seit 20 Jahren beteuern, dass sie entschlossen sind, das Problem der Kohlenstoffemissionen anzugehen, produzieren wir weiterhin steigende Mengen CO_2. Die Emissionen, die auf die Nutzung fossiler Brennstoffe zurückgehen, belaufen sich derzeit auf 8700 Millionen Tonnen pro Jahr, die Landwirtschaft ist dabei noch gar nicht berücksichtigt. Seit sich die Staaten auf der

Grundlage des 1997 verabschiedeten Kyoto-Protokolls verpflichtet haben, den Ausstoß von Treibhausgasen zu reduzieren, stiegen allein die jährlichen CO_2-Emissionen aus der Nutzung fossiler Brennstoffe von 6400 auf 8700 Millionen Tonnen – das entspricht einem Anstieg um 36 Prozent in gerade einmal 15 Jahren. – Die Darstellung basiert auf Angaben des US Carbon Dioxide Information Analysis Center am Oak Ridge National Laboratory.

Allem Anschein nach werden auf 20 Jahre der leeren Worte und des Nichtstuns weitere 20 Jahre der leeren Worte und des Nichtstuns folgen. Währenddessen geraten wir jedoch in immer größere Schwierigkeiten.

Wie die Regierungen dieses Ausmaß an Nichtstun und Passivität rechtfertigen? Nun, sie verweisen auf die öffentliche Meinung und fehlende wissenschaftliche Erkenntnisse.

Früher hieß es immer: »Wir müssen abwarten, bis die Wissenschaft bewiesen hat, dass der Klimawandel auch wirklich stattfindet.« Daran kann heute kein Zweifel mehr bestehen.

Nun heißt es: »Wir müssen abwarten, bis die Wissenschaftler herausgefunden haben, welche Folgen das alles haben wird und welche Kosten sich daraus ergeben.« Und: »Wir müssen abwarten, bis die Öffentlichkeit bereit ist, die entsprechenden Maßnahmen mitzutragen.«

Aber in Klimamodellen wird es immer Unbekannte geben.

Und was die öffentliche Meinung anbelangt, so fällt doch auf, wie leicht Politiker sie zu ignorieren imstande sind, etwa wenn es um Kriege geht, um Bonuszahlungen für Banker oder um Reformen im Gesundheitssystem. Und das sind nur drei Beispiele.

Was Politiker und Regierungen über ihre Entschlossenheit, das Klimaproblem zu lösen, verlauten lassen, ist das eine. Was sie dann tatsächlich tun, steht auf einem ganz anderen Blatt.

Regierungschefs während des G-20-Gipfels 2009 in London

Wie sieht es mit den Unternehmen aus? 2008 versuchte eine Gruppe renommierter Ökonomen und Naturwissenschaftler um Pavan Sukhdev, den damaligen Leiter der Abteilung »Globale Märkte« der Deutschen Bank, die wahren Kosten der Umweltschäden zu ermitteln, die von den 3000 größten Firmen der Welt im Zuge ihrer Aktivitäten verursacht werden. Das Ergebnis: Derzeit sind es zwischen 1,3 und 3,1 Billionen US-Dollar im Jahr. Tendenz steigend.

An dieser Stelle ist häufig von »externen Kosten« die Rede, ein Begriff, den ich oben bereits im Zusammenhang mit der Herstellung von Autos verwendet habe. Er bezeichnet die sozialen und ökologischen Folgekosten wirtschaftlicher Aktivitäten, für die derzeit niemand aufkommen will. Kosten, die durch Umweltverschmutzung, Klimaveränderungen und die Zerstörung von Ökosystemen verursacht werden.

Kosten, die irgendwann irgendjemand wird bezahlen müssen. Wahrscheinlich Ihre Kinder und Ihre Enkel.

Auch diesbezüglich besteht unsere einzige Hoffnung in einem radikalen Umdenken, in diesem Fall seitens der Unternehmen. Wir brauchen eine vollkommen neue Unternehmenskultur, um auch nur einige der Probleme, die uns immer stärker zu schaffen machen werden, zumindest geringfügig zu entschärfen. Pavan Sukhdev schreibt dazu:

»Die Spielregeln, nach denen wir wirtschaften, müssen dringend geändert werden. Es darf nicht länger darum gehen, wer am besten darin ist, Regierungen zu beeinflussen, Steuern zu sparen und Subventionen für fragwürdige Geschäftsmodelle einzustreichen, um so den Profit einer einzigen Gruppe von Stakeholdern zu maximieren, nämlich den der Aktionäre. In Zukunft sollten die Unternehmen darum wetteifern, innovativer zu sein als die Konkurrenz, schonender mit Ressourcen umzugehen und den Ansprüchen ganz unterschiedlicher gesellschaftlicher Gruppen gerecht zu werden.«

Ob ich glaube, dass das passieren wird? Nein.

Und wir?

Ich gestehe: Früher fand ich es witzig, wenn sich in der Sonntagszeitung mal wieder ein Promi damit brüstete, seinen Geländewagen verkauft zu haben: »Jetzt fahre ich einen Prius, damit leiste ich doch meinen Beitrag zum Schutz unserer Umwelt, oder?« Heute bin ich es leid.

Sie tun damit nämlich rein gar nichts für die Umwelt. Aber das ist nicht ihre Schuld. Tatsache ist: Sie – genauer: wir alle – sind einfach schlecht informiert.

Und das ist ein Teil des Problems. Wir bekommen nicht die Informationen, die wir brauchen. Es wird uns schlicht und einfach verschwiegen, in welcher Art von Schlamassel wir bereits stecken und wie ernst die Lage ist. Und wenn wir doch einmal aufgefordert werden, etwas zu tun, so sind das zumeist rein kosmetische Maßnahmen.

Was raten uns Prominente, die sich gerne mit solchen Statements profilieren, und Politiker, die es eigentlich besser wissen und uns diesen Schwachsinn nicht als »Lösungen« verkaufen sollten? Hier eine kleine Auswahl:

Ziehen Sie das Ladegerät aus der Steckdose, wenn das Handy aufgeladen ist!
Pinkeln Sie unter der Dusche! (Eindeutig mein Favorit.)
Kaufen Sie ein Elektroauto! (Nein, tun Sie das bloß nicht!)
Benutzen Sie zwei Blatt Toilettenpapier statt drei!

Diese Alibi-Gesten – und um nichts anderes handelt es sich – übersehen den entscheidenden Punkt: die Tatsache nämlich, dass wir es mit Problemen dieser Art noch nie zu tun hatten, dass sie ein gigantisches Ausmaß haben und sich möglicherweise am Ende als unlösbar erweisen.

Die Verhaltensänderungen, zu denen wir uns durchringen müssten, wären so tief greifend, dass niemand dazu bereit ist. Worin bestehen sie?

Wir müssen unseren Konsum reduzieren. Deutlich. Weniger Nahrungsmittel, weniger Energie, weniger von all dem Zeug. Weniger Autos, Elektroautos, Baumwoll-T-Shirts, Laptops, Smartphones. Viel, viel weniger.

Der weltweite Konsum steigt jedoch weiterhin Jahrzehnt für Jahrzehnt an – und zwar gnadenlos.

An dieser Stelle sollte man darauf hinweisen, dass mit »wir« diejenigen gemeint sind, die im Westen und Norden unseres Planeten leben. Es gibt nämlich anderswo drei Milliarden Menschen, für die es derzeit lebenswichtig wäre, *mehr* zu konsumieren, vor allem mehr Wasser, mehr Nahrungsmittel und mehr Energie. Und bis zum Ende dieses Jahrhunderts wird diese Zahl auf fünf Milliarden steigen.

Die Aufforderung, keine Kinder in die Welt zu setzen, klingt natürlich absolut lächerlich.

Sie widerspricht der genetischen Botschaft, die in jeder einzelnen Zelle unserer Körper steckt. Außerdem passt sie überhaupt nicht zu einem unserer wichtigsten Triebe (dem nachzugehen überdies großen Spaß macht). Trotzdem können wir unserem Planeten nichts Schlimmeres antun, als weiterhin so viele Kinder zu bekommen, wie wir es gegenwärtig im globalen Durchschnitt tun.

Selbst wenn wir die Welt mit Atomkraftwerken überzögen, selbst wenn wir das Klimaproblem mithilfe von Geoengineering unter Kontrolle brächten, ja, selbst wenn es gelänge, unseren Konsum zu reduzieren – früher oder später werden wir doch gegen eine Wand laufen, wenn die Weltbevölkerung weiterhin im jetzigen Tempo ansteigt.

Wir alle wissen, dass die Geburtenrate in Entwicklungsländern zurückgeht, wenn es gelingt, das Bildungsniveau der Frauen anzuheben. Allerdings deutet im Moment nichts darauf hin, dass dies in denjenigen Ländern geschieht, in denen die Bevölkerung aus den unterschiedlichsten politischen und religiösen Gründen am schnellsten wächst.

Auch Verhütungsmittel scheinen keine gangbare Lösung zu sein, teils aus denselben politischen und religiösen Gründen, teils aufgrund der simplen Tatsache, dass es in vielen Ländern, kulturell bedingt, als »ideal« gilt, drei oder gar fünf Kinder zu haben.

In Niger beispielsweise ist es überhaupt kein Problem, kostenlos an Verhütungsmittel zu kommen; außerdem laufen dort seit vielen Jahren Bildungsprogramme. Dennoch liegt die durchschnittliche Geburtenrate bei sieben Kindern pro Frau.

Laut den Vereinten Nationen wird die Bevölkerung Sambias bis zum Ende des Jahrhunderts um 941 Prozent wachsen. Für Nigeria wird ein Anstieg um 349 Prozent vorhergesagt – auf 730 Millionen Menschen.

Afghanistan: 242 Prozent
Demokratische Republik Kongo: 213 Prozent
Gambia: 242 Prozent
Guatemala: 369 Prozent
Irak: 344 Prozent
Jemen: 299 Prozent
Kenia: 284 Prozent
Liberia: 300 Prozent
Malawi: 741 Prozent
Mali: 408 Prozent
Niger: 766 Prozent
Somalia: 663 Prozent
Uganda: 396 Prozent

Sogar für die Vereinigten Staaten wird ein Bevölkerungswachstum von 53 Prozent prognostiziert, von derzeit 315 Millionen auf 478 Millionen im Jahr 2100.

Nur zur Information: Wenn sich an der weltweiten Geburtenrate nichts ändert, dann sind wir am Ende dieses Jahrhunderts nicht zehn Milliarden.

Sondern 28 Milliarden.

Und jetzt?

Lassen Sie uns die Sache einmal so betrachten. Angenommen, wir fänden morgen heraus, dass ein Asteroid auf die Erde zurast, der nach unseren Berechnungen (dank der Physik sind wir zu solchen Operationen ja in der Lage) am 3. Dezember 2073 einschlagen und bei dieser Gelegenheit 70 Prozent allen Lebens auf der Erde vernichten wird. Ich denke, wir dürfen davon ausgehen, dass weltweit alle Regierungen reagieren und den gesamten Planeten in einen Zustand hektischer Aktivität versetzen würden.

Jeder Wissenschaftler und jede Ingenieurin, jede Universität, jedes Unternehmen würde mobilisiert: Die eine Hälfte bekäme den Auftrag, Mittel und Wege zu finden, um den Asteroid zu stoppen, wohingegen sich die andere Hälfte ausschließlich darum zu kümmern hätte, wie man – falls die erste Gruppe scheitert – das Überleben unserer Spezies sicherstellen und hinterher alles wiederaufbauen kann.

Nun, das ist praktisch genau die Situation, in der wir uns heute befinden, mit zwei kleinen, aber entscheidenden Unterschieden: Es gibt kein genaues Datum. Und es gibt keinen Asteroiden.

Das Problem sind wir.

Wir stehen vor riesigen Problemen von extremer Dringlichkeit. Warum wir nicht endlich mehr unternehmen, um aus dieser Situation herauszukommen, will mir einfach nicht in den Kopf.

Wir geben acht Milliarden Euro für das CERN aus, um Beweise für die Existenz eines Teilchens zu finden, das sich Higgs-Boson nennt und das uns vielleicht, vielleicht aber auch nicht, am Ende besser verstehen lässt, was eigentlich Masse genau ist. Mehr als eine partielle Bestätigung des »Standardmodells« der Teilchenphysik springt dabei nicht heraus.

Wenn man sie fragt, erzählen einem die Physiker des CERN voller Begeisterung, dass sie am größten und wichtigsten Experiment arbeiten, das die Welt je gesehen hat.

Das stimmt nicht.

Das größte und wichtigste Experiment aller Zeiten führen wir nämlich selbst durch. Wir alle. In genau diesem Moment. Mit unserer Erde.

Nur ein Schwachkopf würde leugnen, dass *nicht* unendlich viele Menschen auf diesem Planeten leben können. Die Frage ist nur, wo die Grenze liegt: bei sieben Milliarden (also der aktuellen Weltbevölkerung)? Bei zehn Milliarden? Bei 28 Milliarden? Ich glaube, wir haben diese Grenze bereits überschritten. Und zwar deutlich.

Wir haben die Möglichkeit, etwas an unserer Lage zu ändern. Wahrscheinlich nicht mithilfe neuer Technologien, sondern indem wir unser Verhalten radikal verändern.

Aber nichts deutet darauf hin, dass dies gerade geschieht oder irgendwann geschehen wird.

Ich glaube, alles wird einfach so weitergehen wie bisher. *Business as usual.*

Was ich als Wissenschaftler über unsere derzeitige Situation denke?

Wissenschaft ist im Wesentlichen institutionalisierte Skepsis. Tagein, tagaus versuche ich, die Ergebnisse meiner eigenen Arbeit zu widerlegen oder alternative Erklärungen für sie zu finden. Diese Haltung hat sogar einen Namen und einen »Erfinder«: Falsifikationismus nach Popper.

Vielleicht irre ich mich ja. Hoffentlich. Allerdings deutet die Wissenschaft darauf hin, dass ich richtigliege.

Ich habe es ganz am Anfang dieses Buches schon einmal gesagt: Die Situation, in der wir uns heute befinden, kann man mit Fug und Recht einen beispiellosen Notfall nennen.

Wenn wir eine globale Katastrophe verhindern wollen, müssen wir irgendetwas Radikales tun – und ich meine wirklich *tun*. Aber ich glaube nicht, dass wir das machen werden.

Ich glaube, wir sind nicht mehr zu retten.

Ich habe einem der nüchternsten und klügsten Forscher, die mir jemals begegnet sind, einem jungen Mann aus meinem Labor, der sich weiß Gott in diesen Dingen auskennt, die folgende Frage gestellt: Wenn er angesichts der Situation, mit der wir derzeit konfrontiert sind, nur eine einzige Sache tun könnte, was wäre das? Was würde er tun?

Wissen Sie, was er geantwortet hat?

»Ich würde meinem Sohn beibringen, wie man mit einem Gewehr umgeht.«

Bildnachweise

S. 9/10: Wohnblocks in Schanghai, © Image Source/Corbis.

S. 30/31: »Highway #1, Intersection 105/110, Los Angeles, California, USA, 2003«, © Edward Burtynsky, Abdruck mit freundlicher Genehmigung der Nicholas Metivier Gallery (Toronto)/Howard Greenberg & Bryce Wolkowitz (New York).

S. 50/51: Bewässerungsfeldwirtschaft in Texas, © Eli McFadden.

S. 54/55: Diamantenmine in Mirny (Russland), © Jeremy Nicholl 1996.

S. 70/71: Sojaplantage bei Vilhena (Brasilien), © Rodrigo Baleia/LatinContent/Getty Images.

S. 90/91: Smog in Hongkong, © Alex Hofford/epa/Corbis.

S. 94/95: »VW lot #1, Houston, Texas, USA, 2004«, © Edward Burtynsky, Abdruck mit freundlicher Genehmigung der Nicholas Metivier Gallery (Toronto)/Howard Greenberg & Bryce Wolkowitz (New York).

S. 96/97: »Crushed cars #2«, Tacoma (Washington), © Chris Jordan 2004.

S. 98/99: »Burning tire pile #1, near Stockton, California, USA, 1999«, © Edward Burtynsky, Abdruck mit freundlicher Genehmigung der Nicholas Metivier Gallery (Toronto) / Howard Greenberg & Bryce Wolkowitz (New York).

S. 110/111: Weltweite Flugbewegungen an einem einzelnen Tag, © Mario C. E. Freese (www.LX97.com).

S. 134/135: Hungerrevolte in Algerien (2011), © STR/AFP/Getty Images.

S. 184/185: Regierungschefs während des G-20-Gipfels 2009 in London, © Eric Feferberg/AFP/Getty Images.